Le guide malin de l'eau au jardin

écologie et économie

Depuis 1979, Terre vivante vous fait partager ses expériences en matière d'écologie pratique : jardinage biologique, alimentation et santé, habitat écologique, énergie
À travers :
- l'édition de livres pratiques,
- le magazine *Les Quatre Saisons du jardinage*,
- un Centre de découverte de l'écologie pratique à visiter de mai à octobre, dans les Alpes, au pied du Vercors.

Le catalogue des ouvrages publiés par **terre vivante** est disponible sur simple demande.

Terre vivante, domaine de Raud, 38710 Mens.
Tél. : 04 76 34 80 80. Fax : 04 76 34 84 02.
Email : info@terrevivante.org
www.terrevivante.org

Coordination éditoriale, conception, réalisation : Béatrice Gauge

Dessins : Steen
Crédits photographiques
Photos de couverture : Virginie Klecka (bas), Antoine Bossse-Platière (haut).
Toutes les photos sont de l'auteur, sauf :
Antoine Bosse-Platière : p. 24 (en haut et en bas à droite), p.29, p. 47, p. 50, p.57 (à droite), p. 64, p. 66, p. 66, p. 95, p. 102 ; DR : p. 46 (à droite), p. 53, p. 77, p. 151 ; Gardena : p. 65 (à gauche et à droite), p. 67, p. 69, p. 71, p. 74, p. 76, p. 82, p. 98 (à gauche) ; Girpi : p. 98 (à droite) ; Graf : p. 97 ; Virginie Klecka : p. 20 (à droite), p. 48, p. 92 (Les Jardins de la Mansonière) ; Nasa : p. 7, p. 107 (en bas) ; PPH : p. 20 (à gauche), p. 24 (en bas à gauche), p. 35 (en bas à droite) ; Steen : p. 90 ; Tricoflex : p. 70.

ISBN : 978-2-914717-15-1

Jean-Paul Thorez

Le guide malin de l'eau au jardin écologie et économie

terre vivante
L'ÉCOLOGIE PRATIQUE

Sommaire

L'eau dans l'environnement

Annexes

Nous, l'eau et **la planète**

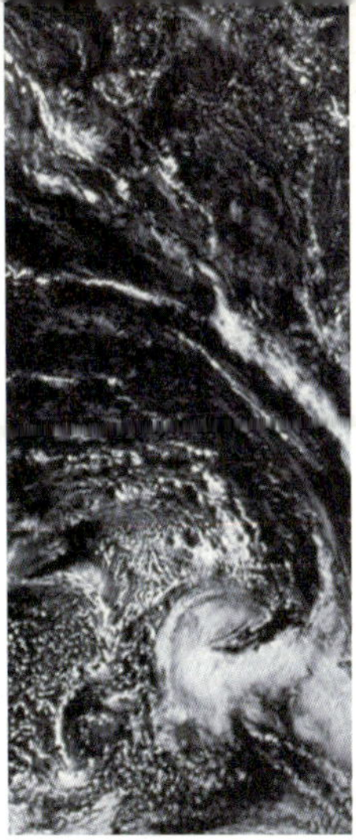

Dans un de ses textes les plus célèbres, Jean Giono raconte comment Elzéar Bouffier, « l'homme qui plantait des arbres », avait réussi, en semant patiemment d'innombrables chênes, à faire couler de nouveau les sources dans un coin désolé de haute Provence. Par là, il nous montre que l'eau n'est pas un élément naturel dont la présence serait aléatoire, mais que c'est aussi notre affaire, à nous humains.

L'eau : l'affaire de tous

Chacun de nous a le pouvoir, à sa modeste échelle, de préserver la ressource en eau, si fragile. Faudra-t-il pour cela que nous nous mettions tous à semer des arbres ? Certes, non. Mais alors, comment faire ? Le lien entre les gestes de tous les jours et l'immense problématique de l'eau qui concerne l'humanité et la planète tout entière n'a rien d'évident. Arroser le jardin à l'arrosoir avec l'eau de pluie récupérée dans une citerne, plutôt que l'asperger d'eau du robinet résoudra-t-il le problème des peuples du tiers monde qui sont au régime sec ? Après tout, il y a toujours eu des endroits (ou des moments) où il y a trop d'eau et d'autres où il n'y en a pas assez. L'eau que l'on gaspille allègrement au Nord n'est pas puisée dans les maigres réserves du Sud, car l'eau est une ressource locale qui, même si elle est inégalement répartie, n'est pas encore l'objet d'échanges internationaux comme le

Chacun de nous a le pouvoir, à sa modeste échelle, de préserver la ressource en eau, si fragile.

Consommation d'eau moyenne quotidienne

- **d'un citadin américain** **600 litres**
- **d'un Parisien** **240 litres**
- **d'un agriculteur malgache** **10 litres**

pétrole ou le blé. Et puis… l'eau consommée par les ménages français pour l'arrosage de leur jardin représente moins de 5 % de leur consommation totale. Alors…

En fait, économiser l'eau est avant tout une question de principe : le gaspillage d'une ressource, quelle qu'elle soit, est aux antipodes d'un développement durable, envisagé « en bon père de famille ». Il faut préserver l'avenir, économiser ce qui est précieux.
Le propos du présent livre est justement de développer la signification écocitoyenne d'une pratique jardinière aussi banale que l'arrosage et de donner à chaque jardinier les moyens d'agir. À la manière du simple berger Elzéar Bouffier, écocitoyen avant l'heure.

Une ressource stratégique

L'eau a toujours été une ressource stratégique, car, chacun le sait, elle est indispensable à la vie. Notre corps se compose de 65 % d'eau.
En Europe occidentale, dans le midi de la France, nombre de villages se sont implantés là où il y avait des sources permettant d'arroser les jardins. De nos jours, l'eau permet de faire reverdir les déserts. Dans les endroits où elle manque, comme au Moyen-Orient, elle est au cœur des conflits entre peuples.
La problématique de l'eau ne se réduit pas au risque de sécheresse. Il arrive aussi souvent qu'il y ait trop d'eau. Le cycle de l'eau connaît des à-coups catastrophiques sous forme d'inondations, de pluies persistantes… Jardiniers et agriculteurs sont rarement contents. C'est bien la preuve que la gestion de l'eau doit se faire de manière fine, en régulant, en stockant, en répartissant.

Il n'est peut-être pas réaliste, pour un jardinier, de planter des arbres dans toute une région, comme le héros de Giono, afin d'y voir couler de nouveau des sources depuis longtemps taries… Mais l'idée est là : retenir l'eau là où elle est douce et bonne, éviter qu'elle ne devienne méchante à l'aval, là où « les petits ruisseaux font les grandes rivières ». C'est intervenir sur le cycle de l'eau chacun à son échelle.

Économiser l'eau est avant tout une question de principe : le gaspillage d'une ressource, quelle qu'elle soit, est aux antipodes d'un développement durable.

Nombre de villages se sont implantés là où il y avait des sources.

Chaque geste compte

L'usager de l'eau, et notamment le jardinier, a aussi sa part de responsabilité.

Regardons ce qui se passe concrètement dans un jardin. Imaginons d'abord que le jardinier n'ait pas cette réflexion : c'est M. J. Nonde. Il arrose généreusement avec l'eau du réseau ; il ne récupère rien de la pluie qui tombe sur ses toitures. L'impact est double : il pèse sur la ressource en **eau potable**, et ses eaux pluviales viennent grossir le flot des ruissellements, causes d'inondations.

Voyons maintenant le cas de Mme Petite-Goutte, qui stocke dans une citerne toute l'eau recueillie dans ses gouttières et s'en sert pour arroser. Résultat : pas une goutte d'eau potable n'est prélevée pour cet usage, et pas une goutte ne sort de son terrain pour aller rejoindre les réseaux d'assainissement pluvial ; tout s'infiltre ou s'évapore. Il est évident que ces deux jardiniers n'ont pas du tout le même impact sur l'eau. Si tout le monde faisait comme M. J. Nonde, la situation ne pourrait que s'aggraver. Si tout le monde imitait Mme Petite-Goutte, elle s'améliorerait.

« Mon geste ne représente qu'une goutte d'eau dans l'océan ! » L'écocitoyen est parfois découragé avant d'avoir tenté quoi que ce soit. Ce pessimisme n'est pas justifié. Essayons d'analyser la portée de chaque geste, même le plus modeste.

Le geste : j'arrose avec l'eau de pluie que j'ai récupérée.

- Première conséquence : l'effet physique immédiat. C'est déjà un certain volume d'eau potable qui est économisé, et autant d'eau de pluie qui est détournée des réseaux de collecte pluviale.
- Deuxième conséquence : l'effet d'entraînement. Ma façon de faire favorise le secteur économique de la récupération de l'eau (fabricants de citernes et de pompes,

Eau potable : eau brute, puisée dans une nappe souterraine ou un cours d'eau, qui a subi un traitement pour la rendre consommable par l'homme sans risque pour la santé.

plombiers spécialisés, bureaux d'études, etc.) tout en faisant baisser la demande en eau potable et en collecte des eaux pluviales. Je fais jouer mon poids économique.

◗ Troisième conséquence : l'impact pédagogique. Ce que je fais retentit sur mon entourage, marque mes enfants, incite éventuellement à m'imiter. Je suis un pionnier, et sans pionnier il ne peut y avoir de changement.

◗ Quatrième conséquence : la cohérence individuelle. Ma démarche en faveur d'une meilleure maîtrise de la ressource en eau m'oblige à réfléchir aussi à mon comportement en matière de déchets, de transports, d'énergie, de consommation…

Finalement, mon « petit » geste a plus d'importance qu'il n'y paraît de prime abord.

Cela dit, il ne faut pas sous-estimer les forces qui, dans la société actuelle, freinent certaines évolutions nécessaires comme la maîtrise de l'utilisation de l'eau potable. Elles se situent, par exemple, dans les grands groupes industriels de traiteurs d'eau, auxquels le service de l'eau est délégué par les collectivités, et qui ont une logique purement économique. Ou chez les élus locaux eux-mêmes,

1 000 litres par heure !

qui souhaitent rentabiliser leurs infrastructures en facturant le maximum de mètres cubes. Les directions départementales et régionales des Affaires sanitaires et sociales ne répondent pas toutes favorablement à la demande croissante du public pour une utilisation de l'eau de pluie. L'usager de l'eau lui-même, et notamment le jardinier, a lui aussi sa part de responsabilité.

Le jardinage, activité réputée naturelle, n'est pas pour autant neutre vis-à-vis du cycle de l'eau. L'arrosage d'un jardin par aspersion consomme environ 1 000 litres par heure, soit l'équivalent de 5 ou 6 bains ou de 30 douches. Or, il y a 13 millions de jardins en France, donc un potentiel énorme de gaspillage ou… d'économies.

Assurer un partage

Par notre comportement au quotidien, nous avons à jouer un rôle essentiel.

Le caractère vital de l'eau et les caprices de sa répartition font qu'il y a toujours eu des lois pour réglementer ses usages, assurer un partage à l'échelle locale. Chaque année, des mesures sont prises dans certaines régions de France pour économiser l'eau en période de sécheresse. Des arrêtés sont pris par les préfets ou les maires pour restreindre certains usages non prioritaires de l'eau, comme l'arrosage des jardins ou le lavage des voitures.
Il s'agit là de mesures conservatoires. Mais l'État applique – plus ou moins bien – une politique globale. Il assure la police de l'eau, confiée en général, en région, à une direction interservices localisée à la direction régionale de l'Agriculture.
Il y a d'autres acteurs dans le domaine de l'eau. Les agences de l'eau (ex-agences de bassin) sont des établissements publics œuvrant à l'échelle des grands bassins

hydrographiques. Il y en a six en France. Elles ont pour mission, sous la double tutelle du ministère de l'Écologie et du Développement durable et de celui de l'Économie, de financer les aménagements liés à l'eau (adduction, stations d'épuration, etc.) et les études permettant de mieux gérer l'eau. Leurs ressources sont constituées par les redevances acquittées par chaque consommateur d'eau lorsqu'il règle sa facture.

Les collectivités locales (communes, groupements de communes, départements), elles, sont en charge de l'approvisionnement en eau potable et de la collecte et du traitement des eaux pluviales et des eaux usées.

Mais même avec des lois intelligentes et des instances officielles compétentes et motivées, un acteur est essentiel : le

Paysan iranien près de son puits : l'eau est une ressource inégalement répartie.

citoyen, vous, moi ! Par son comportement au quotidien, ses choix de vie, et les choix de société auxquels il apporte son concours, il joue un rôle essentiel. C'est vrai dans le domaine des déchets, dans celui des transports et de l'énergie, dans celui des choix alimentaires, dans celui de la prévention des maladies, et plus largement dans tous les domaines de la citoyenneté. C'est, bien sûr, vrai aussi pour le domaine de l'eau. Il faut économiser ce bien précieux qu'est l'eau.

L'eau et les lois

« Nul n'est censé ignorer la loi. » C'est pourquoi il est utile de rappeler, dans ce chapitre préliminaire, les principaux textes concernant l'eau.

- Loi du 8 avril 1898 sur le régime des eaux : elle pose le principe de la propriété pour les eaux stagnantes et du droit d'usage pour les eaux courantes.
- Code civil (articles 641 et 642) : droit « d'user et de disposer » des eaux pluviales et des eaux de source de son fonds.
- Loi du 3 janvier 1992 sur l'eau : elle complète celle du 16 décembre 1964 relative au régime et à la répartition des eaux et à la lutte contre leur pollution.
- Règlement sanitaire départemental : il concerne les eaux destinées à la consommation humaine (stockage, double réseau, puits, sources, citernes, ouvrages de distribution, qualité sanitaire, etc.).

(Voir Bibliographie p. 159.)

première partie

Les bonnes pratiques **de l'eau** au jardin

Un jardin « zéro arrosage »

L'économie d'eau est en train de devenir – ou doit devenir – un des principes du jardinage. C'est donc logiquement qu'elle va s'intégrer à la conception même du jardin, du style général aux aménagements, en passant par le choix des plantes. Bien sûr, cela tranche avec une certaine tradition, celle du jardin démonstration de la domination de l'homme sur la nature, qui se traduit de la manière suivante : la nature veut nous priver d'eau ? Eh bien, faisons couler abondamment l'eau dans les jardins ! Créons des oasis, des fontaines, des cascades… Osons le gazon même là où l'été est aride. Multiplions les jardinières, les massifs de délicates annuelles toujours assoiffées… À l'inverse, si la nature nous donne trop d'eau, drainons !

L'objectif : composer avec l'environnement

Autres temps, autres mœurs jardinières… Au XXIe siècle, il s'agit plutôt de composer avec l'environnement, objectif lui aussi noble et passionnant, en cohérence avec les exigences de l'époque. Inévitablement, le jardin va se rapprocher de l'écosystème naturel, par définition le moins exigeant en arrosage puisqu'il se contente des apports d'eau naturels. Là où l'eau manque, nous mettrons des plantes sobres (il y en a beaucoup d'espèces). Là où elle abonde, nous choisirons des végétaux naturellement adaptés aux milieux humides. Cette stratégie est déjà mise en œuvre dans certains espaces verts urbains sous l'appellation de « gestion différenciée » : il s'agit de

Composer avec l'environnement : jardin méditerranéen « sans arrosage », avec agave, centranthe, olivier, etc.

concevoir des espaces qui n'auront pas tous les mêmes exigences en matière d'entretien, et notamment d'arrosage. Traiter différemment les abords du monument aux morts ou de la mairie – lieux où le décorum est important – et le bord de la rivière ou la « plaine de jeux ».
Dans un petit jardin, les principes directeurs sont exactement les mêmes :
– réduire au maximum les surfaces les plus exigeantes en arrosages (gazon de graminées, plates-bandes de fleurs annuelles, jardinières, cultures potagères), et les localiser de manière pertinente, si possible en les regroupant ;
– créer des espaces « sobres » : massifs arbustifs, rocaille, mare ou bassin, plates-bandes de vivaces ou bulbeuses bien choisies.

Les jardinières et les plantes en pots

Plantes en pots et jardinières fleuries sont de véritables tonneaux des Danaïdes, chaque unité exigeant un apport quotidien de plusieurs litres d'eau au cœur de l'été. Les grands classiques que sont pétunias, lobélias, pélargoniums, bégonias tubéreux, bidens, fuchsias, etc. sont tous aussi assoiffés les uns que les autres. Les jardiniers avertis les qualifient d'ailleurs de « plantes molles ». Pensez à les rempoter dans un terreau comprenant une certaine proportion de terre de jardin, ou même d'argile comme certains terreaux du commerce, pour une meilleure rétention d'eau. La tourbe, qui domine dans beaucoup de substrats de rempotage, se dessèche très rapidement et est difficile à réhumecter.

Pourquoi ne pas remplacer les classiques plantes en pots par des plantes sobres ?

Mais pourquoi ne pas aller plus loin et remplacer – au moins en partie – les classiques par des plantes sobres, certes moins spectaculaires sur le plan de la floraison, mais néanmoins attrayantes par leur allure ? Beaucoup se

présentent sous la forme de rosettes de feuilles genre plantes grasses.
Les plantes vivaces ou bisannuelles suivantes font partie de la flore saxatile (flore des murs et parois rocheuses). Leur floraison est saisonnière, sauf en ce qui concerne les fougères, qui ne fleurissent pas :
– au soleil : *Antirrhinum majus* (muflier, gueule-de-loup ; floraison estivale), *Cheiranthus cheiri* (giroflée ravenelle ; floraison printanière), *Erigeron mucronatus* ou E. *karvinskianus* (floraison estivale et automnale) ;
– à l'ombre : *Corydalis lutea* (fumeterre jaune ; floraison estivale) et fougères *(Polypodium, Blechnum, Scolopendrium).*

Des plantes sobres qui ne demandent pas d'arrosage : Sedum *(à gauche) et* joubarbe *(à droite).*

Plantes sobres pour jardinières et potées

Les plantes grasses sont moins spectaculaires que les classiques pétunias ou pélargoniums, mais elles savent créer une ambiance végétale typique et, surtout, ont l'avantage de ne nécessiter pratiquement aucun arrosage pourvu qu'elles soient exposées à la pluie :
Aeonium, *Sempervivum arachnoideum* et *S. tectorum* (joubarbes), *Sedum*, *Carpobrotus acinaciformis* et *C. edulis* (mains-de-sorcière, figue-des-Hottentots, figue des mer), *Mesembryanthemum tricolor* (ficoïde), *Portulaca grandiflora* (pourpier à grandes fleurs).

Une autre plante peu exigeante : la ficoïde.

Dans la maison

- La plupart des plantes d'intérieur sont relativement sobres.
- Évitez d'avoir trop de plantes gourmandes en arrosages : anthurium, calcéolaire, capillaire, cinéraire, hibiscus, fougère de Boston, fougère nid-d'oiseau, papyrus.
- Si possible, sortez les plantes de mai à octobre en les plaçant à l'ombre d'un arbre. Elles profiteront de l'eau du ciel et se referont une santé.
- Dans la maison, comme à l'extérieur, évitez d'avoir trop de petites plantes dans des petits pots.

Les massifs de fleurs

Les plantes fleurissant au printemps sont par nature économes en eau d'arrosage, puisqu'elles se contentent des précipitations printanières, qui font rarement défaut quelle que soit la région. Durant la sécheresse estivale, elles se mettent en vie ralentie ou disparaissent de la vue. Tulipes, jacinthes, narcisses, pâquerettes, giroflées, doronic, violettes, primevères, pavot d'Orient et myosotis en sont des exemples bien connus.
En ce qui concerne les floraisons estivales, il faut rechercher – en dehors de régions où les étés sont bien arrosés – des plantes vivaces originaires de milieux naturellement secs comme la zone méditerranéenne (ex. : échinops), les milieux rocailleux (ex. : centranthe, œillets, sédums) ou le littoral (ex. : gazon d'Olympe).

À GAUCHE Une vivace de lieu sec : Stachys lanata.
À DROITE La sauge sclarée, plante vivace adaptée aux terrains secs.

Fleurs sobres

Fleurs annuelles et bisannuelles à semer en place

Althaea rosea (rose trémière)
Antirrhinum majus (muflier)
Dimorphoteca aurantiaca
Eschscholtzia californica
Gaillardia picta
Iberis amara (thlaspi blanc)
Kochia
Mirabilis jalapa (belle-de-nuit)
Nigella damascena (nigelle de Damas)
Tagetes erecta (rose d'Inde).

Plantes vivaces

Acaena
Achillea
Agave
Aloe
Anaphalis
Anthemis
Arctanthemum
Armeria maritima (gazon d'Olympe)
Asclepias cornuti (herbe-à-la-ouate)
Artemisia
Aster amellus
Aster ericoides
Aubrietia
Ballota
Beschorneria
Calamintha
Campanula
Centranthus
Cereus
Cirsium
Cistus
Coreopsis
Dendranthema
Dianthus
Dorycnium
Echeveria
Echinocactus
Echinops
Erica vagans
Erigeron
Erodium
Eryngium
Erysimum
Euphorbia
Gaillardia lanceolata
Halimium
Helianthemum
Iberis sempervirens (corbeille d'argent)
Iris germanica
Solidago virga aurea (verge-d'or)
Lampranthus
Lantana
Lavandula
Lavatera
Mesembryanthemum
Marrubium
Opuntia
Phlomis
Prunella
Ruta
Salvia
Santolina
Saponaria
Sedum
Senecio
Spirea filipendula
Stachys
Tanacetum
Thermopsis
Thymus
Verbascum (molène)
Verbena
Veronica
Yucca.

Graminées

Festuca
Gynerium argentea (herbe de la pampa)
Helictotrichon
Melica
Stipa
Zoysia.

Bulbeuses

La plupart des espèces.

Fleurs exigeantes en eau

Beaucoup de fleurs annuelles (ricin, sauge, tabac...)

Parmi les vivaces

Canna
Chrysanthèmes
Dahlia
Delphinium (pied-d'alouette)
Dicentra formosa (cœur-de-Jeannette)
Leucanthemum maximum (marguerite)
Lupinus (lupin)
Phlox
Potentilla (potentille)
Tritoma...

EN HAUT, À GAUCHE *Parmi les fleurs exigeantes en eau, les dahlias figurent en bonne place.*
À DROITE *À l'inverse, la nigelle est une plante sobre.*
EN BAS, À GAUCHE *Le* Viburnum tinus, *que l'on trouve sur les collines sèches et qui fleurit en hiver.*
À DROITE *La gaillarde, une vivace qui ne craint pas la relative sécheresse estivale.*

Le potager

Le potager est un des espaces les plus gourmands en eau. Les légumes, en effet, ont une croissance très rapide nécessitant une humidité constante au niveau des racines, ne serait-ce que pour assurer leur approvisionnement en sels minéraux. Un certain nombre d'entre eux sont originaires des marais, ce qui donne une idée de leurs exigences. Malgré tout, compte tenu des enjeux représentés par le potager, il est difficilement envisageable de le rayer du plan du jardin au seul motif qu'il faut

l'arroser ! Nous verrons dans le chapitre suivant qu'il y a plus d'un moyen de s'en occuper de manière à économiser l'eau.
Le calendrier du potager et la gamme étendue des cultures légumières permettent d'exploiter à fond les possibilités du climat, notamment en ce qui concerne l'eau.

Cultures de demi-saison (printemps ou automne)

Sous climat sec et chaud, les cultures de demi-saison bénéficient de températures relativement fraîches et d'une certaine humidité naturelle. Ce sont, par exemple, l'épinard, le navet, le pois, la fève, la laitue, la mâche, les choux.

Cultures d'été

Exigeantes, pour la plupart, en chaleur, les cultures d'été le sont toutes également en eau. Leur cycle s'accomplit entre le printemps et l'automne, certaines pouvant toutefois rester en place durant l'hiver selon la rigueur de celui-ci. Ce sont le haricot, le céleri, la tomate, la courgette, le poivron, l'aubergine, le potiron, le melon, le poireau, certaines laitues et chicorées, la carotte, la betterave, le fenouil, le panais, la bette…

À GAUCHE Le pois profite des pluies du printemps.
À DROITE La laitue représente par excellence le légume exigeant en eau au cours de l'été.

Cultures d'hiver

Semées en fin d'été ou en automne, les cultures d'hiver bénéficient de l'humidité hivernale durant les premières phases de leur croissance. On les récolte au printemps suivant. Il faut les choisir en fonction de la rigueur de l'hiver dans la région ; certaines variétés sont plus résistantes au froid que d'autres, caractéristique en général mentionnée sur le sachet de graines. Ce sont la laitue d'hiver, le chou-fleur d'hiver, le chou de printemps, l'oignon blanc.

Les cultures de demi-saison prennent toute leur importance sous le climat méditerranéen, où l'été est souvent trop sec et trop chaud pour la plupart des cultures potagères. Les cultures d'hiver sont intéressantes dans les régions océaniques, où la douceur de l'hiver permet d'allonger la saison de production sans avoir à mettre en œuvre des tunnels ou des serres. Quant à l'été, c'est évidemment la saison clé où toutes les cultures doivent être concentrées dans les régions où l'hiver est à la fois rigoureux et long, comme l'Est ou les montagnes.

Évitez, pour un potager ou un verger, et spécialement en zone sèche, la proximité de grands arbres à racines très développées en surface (peuplier, frêne, etc.). Un seul arbre peut assécher le terrain jusqu'à une quinzaine de mètres de son tronc. Le cyprès et l'aulne font partie des exceptions et peuvent servir à réaliser des rideaux d'arbres à proximité des potagers ou des vergers (voir « Les besoins en arrosages des cultures potagères » p. 80).

L'olivier, un arbre réputé pour son extrême sobriété.

Le verger

Sous nos climats, la plupart des arbres et arbustes fruitiers se satisfont de l'apport des précipitations et ne nécessitent donc pas d'arrosage en dehors des deux premières années après leur plantation.

Pruniers et cerisiers s'adaptent parfaitement à un climat un peu sec.

Les plus exigeants sont les fruitiers « à pépins », dont les fruits grossissent au cœur de l'été. Le poirier, notamment, exige annuellement 850 mm d'eau bien répartis sur l'année, ce qu'il ne trouve que dans le nord-ouest de la France. Le pêcher est, lui aussi, assoiffé du printemps à l'automne, période où il doit recevoir l'équivalent de 650 à 700 mm, ce qui est loin d'être acquis dans toute la France. Le pommier ne se montre qu'à peine plus sobre, avec 600 mm nécessaires entre le moment où éclatent ses bourgeons et celui où les feuilles tombent. Les groseilliers, cassis, framboisiers et actinidias, aux racines superficielles, sont également fragiles. Cerisiers, abricotiers et pruniers, en revanche, sont plus rustiques de ce point de vue. Leur sève « descend » dès la fin de la récolte, en général précoce, et ils perdent rapidement leurs feuilles si le sol est sec. Les essences typiquement méditerranéennes (amandier, figuier, bibacier ou néflier, vigne, grenadier) sont également de tempérament sobre. Un verger enherbé (appelé pré-verger) consomme logiquement davantage d'eau qu'un verger dont le sol est nu. Cette pratique doit être réservée aux régions à étés humides, où elle est traditionnelle (Normandie, Bretagne, Picardie, Lorraine, Auvergne…).

Les arbres et arbustes fruitiers, du plus sobre au plus exigeant	
Très sobres	Amandier, grenadier, figuier, olivier, vigne
Sobres	Abricotier, bibacier (néflier du Japon), cerisier, cognassier, noisetier, prunier
Exigeants	Actinidia (kiwi), cassis, citronnier, framboisier, groseillier, noyer, oranger, pêcher, poirier, pommier.

Planter un arbre : butte ou cuvette ?

Normalement, lors de la plantation d'un arbre fruitier, on fait en sorte que le collet (point de jonction entre le tronc et les racines) se trouve juste au niveau du sol. Sous climat sec, il est préférable que le jeune arbre se trouve au centre d'une cuvette peu profonde, qui retiendra l'eau de pluie. À l'inverse, en conditions humides, il est conseillé de le surélever sur une légère butte afin de limiter le risque d'asphyxie des racines.

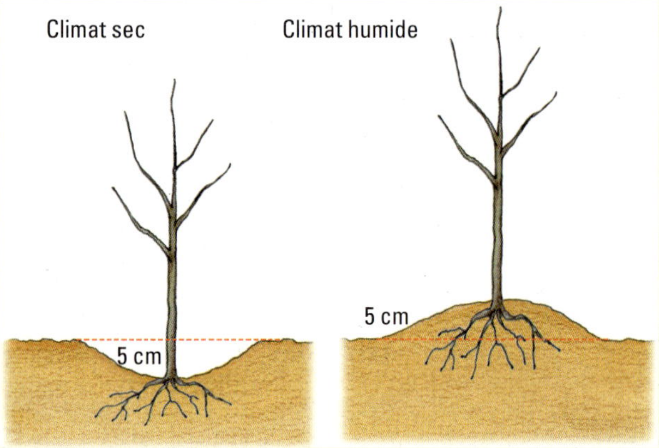

La pelouse et les couvre-sol

Le gazon est un symbole fort de nos relations à l'eau. Au moindre signe de sécheresse, maires et préfets interdisent ou réglementent l'arrosage du gazon, au même titre que le lavage des voitures. Ce qui laisse entendre à juste titre qu'assurer la survie d'un tapis de graminées lors d'un été caniculaire ne se justifie pas plus que dépoussiérer une carrosserie. La mode de la pelouse à l'anglaise est, d'ailleurs, plutôt récente, la véritable explosion des surfaces engazonnées ayant eu lieu dans les années 1980, comme conséquence immédiate de la multiplication de l'habitat pavillonnaire.

En réalité, le gazon n'est guère adapté aux régions à étés secs : si on l'abandonne à lui-même, il jaunit et dépérit dès que les réserves en eau du sol sont épuisées, pour réapparaître, dans le meilleur des cas, lorsque l'**évapotranspiration** (voir p. 111) diminue, à l'automne. Il ne peut se maintenir que moyennant des arrosages abondants. Chaque mètre carré de green de golf, espace vert parmi les plus gaspilleurs, engloutirait chaque année 1 m^3 d'eau d'arrosage !

Le boulingrin (de l'anglais *bowling green*) est une place engazonnée typique du nord-ouest de l'Europe, où les pluies sont abondantes et bien réparties. Ailleurs, et notamment dans le Midi, mails et places de village sont dépourvus de végétation, si l'on excepte les grands platanes chargés de donner de l'ombre, qui se débrouillent tout seuls pour trouver l'eau qui leur est nécessaire dans les profondeurs du sol.

Pourquoi s'évertuer à arroser des graminées à gazon dans un coin aride où personne n'est censé circuler ou séjourner ? La solution sobre consiste à convertir une partie de la pelouse en espaces « zéro arrosage » :

– rocaille ou massifs de vivaces adaptées à la sécheresse ;

Évapotranspiration : concept employé par les agronomes et les climatologues, correspond à l'addition de l'évaporation purement physique et de la transpiration des êtres vivants sur une surface donnée.

Pourquoi ne pas remplacer le gazon par une prairie sauvage, plus résistante au manque d'eau ?

L'entretien d'une prairie fleurie est plus simple, plus économique et, surtout, plus écologique.

– dallage, sable, graviers : ces espaces peuvent recevoir ponctuellement des plantes adaptées comme la sagine, le sédum âcre, le sédum blanc, le bouillon blanc, *Kochia trichophylla* ;
– arbres, arbustes (voir p. 33) ;
– « prairie sèche » sauvage composée de graminées adaptées (voir ci-dessous) et de plantes vivaces **xérophiles** ou mésophiles à fleurs telles que l'achillée millefeuille, l'origan, le serpolet, la jasione des montagnes, la marguerite, l'échinops, la luzerne, le sainfoin, la sauge des prés, la carotte sauvage, la petite pimprenelle, la centaurée scabieuse… Un conseil : en fin d'été, récoltez des graines de fleurs sauvages dans les prairies sèches, situées souvent sur les coteaux. Une telle prairie est très favorable aux papillons et aux criquets ;
– mare ou bassin.

Xérophile : se dit d'une plante adaptée à la sécheresse, par opposition à mésophile (adaptée à des conditions d'humidité moyennes) ou hygrophile (adaptée aux sols humides).

Pour la partie conservée en « gazon », il est possible d'utiliser des plantes adaptées, capables de couvrir le sol et résistant plus ou moins au froid et au piétinement selon les espèces. Parmi les graminées à gazon, les plus résistantes à la sécheresse sont la fétuque élevée, la fétuque rouge semi-traçante et la fétuque ovine durette.
Elles entrent dans la composition de formules « gazon sobre » ou « spécial terrain sec ».

Mare lors d'un printemps humide en Normandie.

La vie de la mare

Jusqu'à un certain point, la mare (ou le bassin) est un espace « zéro arrosage ». Mais jusqu'à un certain point seulement. En effet, en été, du fait de l'évaporation, le niveau baisse d'environ 1 cm par jour s'il ne pleut pas. Compte tenu de la profondeur de ce type de plan d'eau, il suffit donc de deux ou trois mois de sécheresse pour le vider. Si les variations de niveau (marnage) font partie de la vie de la mare, l'absence temporaire d'eau (l'**assec**) peut faire souffrir la faune aquatique et priver les animaux terrestres de leur abreuvoir et… le jardinier du spectacle apaisant d'un joli point d'eau. Il faut donc assurer un niveau minimal, à apprécier au cas par cas.
L'« assec » étant un phénomène naturel sous les climats secs (mares temporaires), on peut aussi « laisser faire la nature ». La flore dépérira, puis reprendra vigueur au retour de l'eau. Une partie de la faune (insectes, mollusques, batraciens…) s'abritera dans la vase. Les poissons sont les animaux les plus vulnérables : il suffit de les récupérer et de les placer en attente dans un bac.

Assec : absence temporaire d'eau.

La même mare lors d'un été sec.

« Faux gazons » adaptés à la sécheresse

• *Lippia nodiflora :* résiste au froid (– 10 °C) et au piétinement. Fleurit de mai à septembre. Les fleurs attirent les abeilles. Pas de tonte.
• *Zoysia tenuifolia* (gazon des Mascareignes) : résiste au piétinement et au froid, mais jaunit en hiver. Une tonte par an.
• *Stenotaphrum secundatum* (faux-kikuyu) : résiste au piétinement et au froid, mais jaunit en hiver. Une tonte par mois en saison.
• *Frankenia laevis :* résiste au froid, mais relativement mal au piétinement. Peut nécessiter des arrosages en été. Pas de tonte.
• *Cynodon dactylon* 'Santana' : chiendent résistant au froid et au piétinement. Une tonte par mois en saison.
Ces plantes sont en général vendues sous forme de petits plants en godets. Il faut les arroser lors de leur implantation. (Le semis ne convient pas à ces plantes. En fait, il faut les considérer comme des plantes vivaces couvre-sol ; et celles-ci se multiplient beaucoup plus facilement par boutures ou stolons.)

Le savonnier se contente d'une terre ordinaire, même sèche.

Les arbres, les arbustes, les haies

Les arbres et les arbustes, s'ils sont bien choisis, sont relativement résistants au manque de précipitations du fait de leur enracinement profond (jusqu'à 30 mètres pour le tamaris !). De plus, ils contribuent à rafraîchir l'atmosphère grâce à la vapeur d'eau qu'ils transpirent. Une haie évapore de l'ordre de 3 m^3 d'eau par mètre linéaire et par an. Par ailleurs, elle favorise l'infiltration, augmente la rétention d'eau dans le sol et, en ralentissant le vent, diminue l'évapotranspiration. Globalement, elle améliore le bilan de l'eau.

Un arbre évapore quotidiennement, en été, plusieurs dizaines de litres d'eau. Mais, comme la haie, il draine les eaux de ruissellement, et, de plus, capte l'eau atmosphérique sous forme de rosée ou de brouillard condensé, ce qui corrige quelque peu le bilan. Malgré tout, il est indubitable que les arbres assèchent localement le sol.

Il existe une grande palette d'arbres et d'arbustes, rustiques et solides, adaptés aux exigences du climat local.

Que l'on soit en situation sèche ou, au contraire, en excès d'eau chronique, on trouve toujours des arbres et des arbustes capables de s'adapter à une situation donnée. Il suffit d'observer ce qui pousse aux alentours dans une situation analogue pour être sûr de ne pas se tromper. Les essences indigènes sont, par définition, adaptées au sol et au climat. Il convient d'être plus prudent avec les essences exotiques.

Espèces adaptées à une situation sèche

Arbres

Alisier blanc
Arbre de Judée
Aulne à feuille en cœur
Aulne blanc
Charme
Charme-houblon *(Carpinus ostrya)*
Chêne du Caucase
Chêne vert
Micocoulier
Poirier à feuille de saule
Robinier
Savonnier *(Kœlreuteria paniculata)*
Sophora
Sorbus x *thuringiaca*
Tamaris.

Conifères

Cèdre de l'Atlas
Cèdre du Liban
Cyprès de Lambert
Cyprès vert
Genévrier commun
Genévrier sabine
Mélèze d'Europe
Pin sylvestre
Pin de Corse *(Pinus laricio)*
Pin noir d'Autriche
Sapin de Grèce *(Abies cephalonica)*
Sapin d'Espagne *(A. pinsapo)*
Sapin du Colorado (*A. concolor*)
Sapinette d'Orient *(Picea orientalis)*
Thuya de Chine *(Thuya orientalis)*

Arbustes

Argousier
Baguenaudier *(Colutea arborescens)*
Berberis x *ottawensis*
B. thunbergii
Buddléia
Cerisier Mahaleb
Cornouiller mâle
Cornouiller sanguin
Cotonéasters
Crataegus (aubépines)
Cytise
Eleagnus angustifolia
E. ebbingei
Filaria *(Phillyrea latifolia)*
Genêts
Laurier noble
Lilas
Lyciet
Nerprun
Perowskia
Prunellier
Pyracantha
Rhus cotinus (arbre-à-perruques)
Rosa carolina
R. gallica
R. glauca
R. pimpinellifolia
R. rubiginosa
R. rugosa
R. x *rugotida*
Salix repens nitida
Santoline
Spirea decumbens
Sumac
Troènes
Viburnum lantana

Plantes grimpantes

Bignonia (*Campsis* ou *Tecoma*)
Glycine de Chine
Lierre

Rosiers

Toutes les variétés de *Rosa banksiae* ainsi que
'Alister Stella Gray'
'Catherine Guillot'
'Cévennes'
'Château de Clos Vougeot'
'Clair Matin'
'Complicata'
'Deuil de Paul Fontaine'
'Douceur Normande'
'Flore'
'Gertrude Jekyll'
'Her Majesty'
'Ispahan'
'La France'
'La Mortola'
'Madame Conrad Ferdinand Meyer'
'Pink Grootendorst'
'Polka'
'Prince Camille de Rohan'
Rosa hugonis 'Hemsley'
'Roseraie de L'Haÿ'
'Scharlachglut'
'William Allen Richardson'

CI-DESSUS *Lavandes et genêts dans un jardin méridional : le parc Phoenix, à Nice.*

À GAUCHE *Le lierre donne de beaux feuillages toute l'année.*
À DROITE *Le* Perowskia *ne nécessite pas d'arrosage.*

Espèces adaptées à un excès d'eau

Au fond des vallées, la nappe d'eau souterraine est proche de la surface. Le jardin est parfois inondé. Les plantations au long cours doivent en tenir compte, car toutes les plantes ne supportent pas d'avoir les pieds dans l'eau. Les espèces ci-dessous sont adaptées aux sols humides, voire temporairement inondés.

Arbres

Acer rubrum
Aralia elata
Aulne glutineux
Bouleau noir
Bouleau pubescent
Catalpa
Cerisier à grappes
Chêne des marais
Cyprès chauve
Érable negundo
Érable plane
Févier de Virginie
Frêne
Liquidambar
Noisetier de Byzance
Noyer
Parrotia persica
Peupliers
Platane
Ptérocarya
Saules
Tulipier

Conifères

Araucaria
Cryptomeria japonica
Cyprès chauve
Métaséquoia
Pin sylvestre
Pin Weymouth
Pin de l'Himalaya
Thuya du Canada
Thuya géant de Californie

Arbustes

Amélanchier du Canada
Argousier
Bambous
Boule-de-neige
Bourdaine
Cassis
Chionanthus virginicus
Clethra alnifolia
Cornus alba
Cornus florida
Cornus stolonifera
Fusain d'Europe
Groseillier
Hydrangéas
Kalmia
Magnolia stellata
Myrtille à gros fruits
Rhododendron canadense
R. vaseyi
R. viscosa 'Soir de Paris'
Rosa arvensis
Saules arbustifs
Sureau noir
Symphorine
Viburnum opulus

Plantes grimpantes

Clematis maximowicziana
C. vitalba
C. viticolla
Lierre
Glycine de Chine
Polygonum aubertii
Vigne vierge vraie

Rosiers

'American Pillar'
'Anne of Gieristein'
'Bennett's Seedling'
'Blush Rambler'
'Brend Colvin'
'Capitaine John Ingram'
'Cardinal de Richelieu'
'Dorothy Perkins'
'Dundee Rambler'
'Excelsa'
'Félicité et Perpétue'
'François Juranville'
'Kew Rambler'
'Lykefund'
'Minehaha'
'Madame Édouard Herriot'
'Nuit de Young'
Rosa nitida 'Wildenow'
R. *roxburghii normalis* 'Rheder'
R. *woodsii fendleri*
R. x *ruga*
'Rambling Rector'
'Ramona' 'Scabrosa'
'Wichmoss'

CI-CONTRE Boule de neige, arbuste adapté à un excès d'eau.
À GAUCHE L'aulne se trouve souvent en bordure de rivière.
À DROITE Un autre arbuste adapté à l'excès d'eau, Viburnum opulus.

Les techniques du jardin sobre

L'état d'esprit dans lequel on aborde le jardinage est la première « technique » sur laquelle on peut s'appuyer pour gérer au mieux les flux d'eau au jardin. Modération avant tout. Viser une productivité moyenne plutôt que maximale. Au potager, c'est un gage de sobriété en eau d'arrosage, mais aussi – on l'oublie trop souvent – de qualité des produits. Le gros légume n'est pas une fin en soi, sauf si l'on concourt pour la Saint-Fiacre, traditionnel prix des jardiniers !

Les « bonnes pratiques » jardinières, même quand elles ne visent pas en premier lieu l'économie d'eau, apportent celle-ci comme bénéfice supplémentaire. Entretien du sol, respect du rythme des saisons, soins aux végétaux sont, nous allons le voir, autant de façons d'arroser… sans eau !

Viser une productivité moyenne plutôt que maximale est un gage de sobriété en eau d'arrosage, mais aussi de qualité des produits.

Entretien du sol, respect du rythme des saisons, soins aux végétaux permettent d'économiser l'eau au jardin.

L'humus, éponge biologique

Fonctionnant un peu comme une éponge, l'humus peut retenir environ quinze fois son poids d'eau.

Tout bon jardinier connaît la valeur de l'humus, substance organique noirâtre issue de la décomposition des déchets végétaux et localisée en général dans les premiers décimètres du sol. Sans humus, la terre entière ne serait qu'un désert : l'humus cimente entre elles les particules minérales, donnant au sol une structure aérée ; il crée, en liaison avec l'argile, un véritable garde-manger d'éléments nutritifs pour les plantes ; sombre, il capte l'énergie solaire permettant au sol de se réchauffer ; enfin, fonctionnant un peu comme une éponge, il peut retenir environ quinze fois son poids d'eau. On a fabriqué des substances synthétiques dotées des propriétés de l'humus sans jamais parvenir à une telle perfection à un coût aussi bas.

Entretenir le stock d'humus

C'est dire s'il est important d'entretenir le stock d'humus dont est doté tout jardin au-dessus d'un niveau minimal de 3 % (une simple analyse de terre vous renseignera sur le pourcentage d'humus dans votre terre de jardin). On y parvient d'abord en économisant l'humus : dès qu'on remue la terre, on expose l'humus à l'air, donc à la destruction par oxydation. Par conséquent, ne travaillez pas le sol plus que le strict nécessaire ! Ensuite, apportez régulièrement des amendements humiques (riches en humus) : compost fabriqué avec les déchets végétaux du jardin et de la cuisine, fumier, terreau, etc. Dans un potager, chaque parcelle de 10 m^2 doit recevoir en moyenne de l'ordre d'une brouettée (30 à 40 kilos) d'amendement tous les trois ans pour équilibrer le bilan entre la destruction inévitable de l'humus et sa reconstitution.
S'occuper de sa terre « en bon père de famille », c'est lui donner régulièrement tout ce dont elle a besoin pour maintenir son potentiel à long terme. Et c'est souvent

Le miracle du compost de broussailles

Jean Pain s'est fait une réputation, en France et en Belgique, dans les années 1970 et 1980, avec son « compost de broussailles ». Il avait réussi l'exploit de faire pousser des tomates sans arrosage en pleine Provence, simplement en les plantant sur un épais lit de matériaux végétaux fraîchement coupés dans la garrigue, broyés, imbibés d'eau, puis compostés. C'était, en fait, une façon astucieuse de stocker de l'eau dans de l'humus.
Toutes les matières organiques donnent un humus capable de stocker de l'eau, mais l'originalité du compost de broussailles est d'utiliser une biomasse ligneuse (à base de fibres de bois) abondante dans les milieux ingrats et qui n'est pas habituellement valorisée.

lors d'une sécheresse que l'on prend conscience du bien-fondé d'une telle gestion. Une terre épuisée a moins d'eau en réserve qu'une terre fertile. Si d'aventure il pleut beaucoup, comme elle est peu poreuse, elle ne dispose que d'une capacité d'infiltration très réduite, ce qui augmente les pertes d'eau par ruissellement.

Une terre épuisée a moins d'eau en réserve qu'une terre fertile.

Une bonne terre se caractérise par sa teneur en humus.

Jardiner au rythme des saisons

Dans la nature, les plantes n'ont pas de réel problème d'eau, tout simplement parce qu'elles ont adapté leur cycle de vie au rythme des pluies. Au jardin aussi, il faut savoir jouer avec le calendrier. Ainsi, là où l'on craint la sécheresse estivale, les arbres et arbustes à feuillage caduc – qu'ils soient vendus « à racines nues » ou en conteneurs – seront plantés dès l'automne, afin qu'ils aient tout le temps de bien s'enraciner. La meilleure période se situe autour du 25 novembre (Sainte-Catherine).

Plantes vivaces, arbres et arbustes persistants seront de préférence mis en place encore plus tôt, en octobre, pour une bonne installation.

Privilégier les demi-saisons

Au potager, dans un contexte de sécheresse récurrente, les demi-saisons prennent une grande importance. Dans nombre de régions sèches, c'est en effet à l'automne que se concentrent les précipitations, et au printemps la terre a encore des réserves d'eau. Ces saisons seront donc les plus favorables à la croissance des épinards, carottes, sala-

Le printemps, riche des réserves d'eau de l'hiver, permet la croissance de nombreux légumes : ici des échalotes.

des diverses, navets, choux, pois et autres amateurs de fraîcheur, au double sens du terme.

Pour ces légumes sensibles, le choix de la variété est important. Résistance à la chaleur et à la sécheresse vont souvent de pair. Ainsi, les laitues de printemps ou d'automne montent très vite en graine si on les cultive au cœur de l'été. Il existe des variétés spécifiques pour la saison chaude et sèche, comme les laitues « grasses » ('Sucrine', 'Kagraner Sommer'...). Les épinards de printemps ne sont pas les mêmes que ceux d'automne. *Idem* pour les navets. Les pois à grain ridé sont plus résistants à la sécheresse que ceux à grain lisse.

Le choix de la variété est important afin d'adapter les légumes à la saison.

Conditionner les plantes

Les « petits soins » donnés aux plantes ont leur importance dès que l'on fait attention à l'eau. Ainsi, le simple bon sens commande d'en placer certaines à l'ombre, notamment les plantes en pot. C'est le principe de l'« ombrière », abri spécialement construit (à l'aide de

Protéger des ardeurs du soleil

Il existe différentes façons de protéger les plants de l'ardeur du soleil : léger paillis, cageot retourné...

claies de roseaux, par exemple) pour protéger les jeunes plants élevés sous châssis. Dans le même ordre d'idée, il est bon de disposer temporairement sur les jeunes plants fraîchement repiqués à racines nues – particulièrement vulnérables au dessèchement – une cagette retournée ou une feuille de papier journal lestée avec un peu de terre. Un sac de toile humide ou un léger paillis d'herbes sèches suffisent à maintenir au frais les délicates graines de persil (ou autre) juste semées et arrosées.

Semer certaines plantes en place, en mottes ou en godets, plutôt qu'en pépinière, évite d'avoir à les transplanter, ce qui cause inévitablement un stress hydrique. Cependant, mottes et godets exigent des arrosages réguliers, ce qui consomme plus d'eau que les semis en place.

Habillage des jeunes plants

Au chapitre des bonnes pratiques figure également le geste de parer (ou « **habiller** ») les jeunes plants en coupant une partie des feuilles avant de les repiquer. On réduit ainsi la surface foliaire, ce qui réduit d'autant la transpiration et compense l'amputation partielle des racines au moment de l'arrachage. Le stress hydrique est

Habillage : pratique qui consiste à couper une partie des feuilles avant le repiquage.

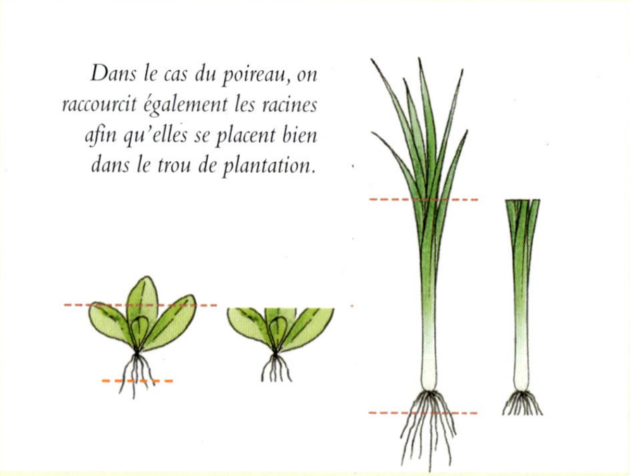

Habillage de plants de laitue et de poireau

Habillage de plants de poireau.

réduit. Cela ne concerne, bien sûr, que les plants « à racines nues » (poireau, laitue, chicorée, céleri, chou), et pas ceux conditionnés en mottes ou en godets.
Enfin, planter dans des cuvettes ou des rigoles façonnées dans la terre a pour effet bénéfique de concentrer l'eau de pluie ou d'arrosage auprès des plantes.

Couvrir le sol

Il est difficile d'évaluer la proportion d'eau d'arrosage qu'on peut économiser en couvrant le sol, technique qu'on appelle « paillage » ou *« mulching »*. Elle se rapproche probablement de la moitié. Couvrir la terre réduit l'évaporation et préserve donc le taux d'humidité. Par ailleurs, cela favorise l'activité biologique, protège la structure du sol des agressions climatiques et... du piétinement du jardinier, tout en limitant le développement des mauvaises herbes. Si le matériau de couverture est d'origine végétale, il y a, de plus, enrichissement du sol en humus. Pour toutes ces raisons, le paillage est très prisé par les jardiniers bio.

De nombreux matériaux peuvent servir de mulch.
À GAUCHE Mulch *de paille au potager.*
À DROITE Mulch *du commerce en fibres végétales.*

Les matériaux pouvant servir de paillage sont innombrables :
– matériaux organiques : paille[1], herbes sèches, tontes de gazon, feuilles mortes, compost, terreau, carton, papier, paillettes de lin, algues, écorces de résineux, sciure de bois ;
– matériaux inertes : pierres plates, sable, plastique (spécial paillage), etc.

Pour être efficace, le *mulch* de matériaux végétaux doit être épais d'au moins 5 cm. Seule exception : les tontes de gazon, riches en eau et donc putrescibles, qui sont apportées régulièrement en couche fine. Le *mulch* organique – sauf celui d'écorces – sera enfoui avec profit en fin de saison par griffage ou bêchage.

Le bon sens commande de ne couvrir qu'un sol déjà bien réchauffé et encore humide : en France, le moment idéal se situe dans la seconde partie du printemps, entre mai et juin. Si le paillage est placé trop tard, sur un sol sec, il produira un effet inverse à celui recherché en interceptant les éventuelles petites précipitations, renvoyant l'eau

1. À acheter à un agriculteur pratiquant l'élevage et utilisant son fumier plutôt que chez un céréaliculteur, pour écarter tout risque de présence de résidus d'herbicides rémanents.

Le paillage peut s'effectuer même dans un grand jardin.

dans l'atmosphère par évaporation sans qu'elle ait pu s'infiltrer dans le sol.

Les cultures qui se prêtent le mieux au paillage sont les cultures d'été exigeantes en eau, à cycle long et largement espacées : concombre, courgette, potiron, tomate, aubergine, poivron, céleri, chou pommé, chou-fleur, poireau, etc. En général, on ne paille pas l'oignon, l'ail, l'échalote et les salades.

Attention, si le paillage est placé trop tard, sur un sol sec, il produira un effet inverse à celui recherché.

Biner

« Un binage vaut deux arrosages. » La sagesse populaire a raison : le binage n'est qu'un cas particulier de paillage. Le passage de la binette crée une couche de terre meuble de quelques centimètres d'épaisseur qui suffit à arrêter la remontée de l'eau par capillarité.

Un résultat analogue est obtenu avec le **buttage**, opération qui consiste à ramener de la terre au pied de certaines plantes (haricots, pois, fèves, pommes de terre) pour

Buttage : pratique qui consiste à ramener de la terre au pied de certaines plantes pour soutenir les tiges.

Le buttage des pommes de terre favorise la condensation de la vapeur d'eau au pied des plantes.

soutenir les tiges. Si le buttage favorise le dessèchement du sol en augmentant sa surface de contact avec l'atmosphère, il contrebalance largement cet inconvénient en provoquant la condensation de la vapeur d'eau contenue dans l'air circulant dans les pores de la terre. Ce phénomène s'explique par le fait que les buttes, du fait de la surface importante qu'elles développent et de leur structure meuble, se refroidissent davantage qu'une surface plane et tassée au cours de la nuit. On appelle cela « arrosage atmosphérique » ou « arrosage sec ».

Un binage vaut deux arrosages

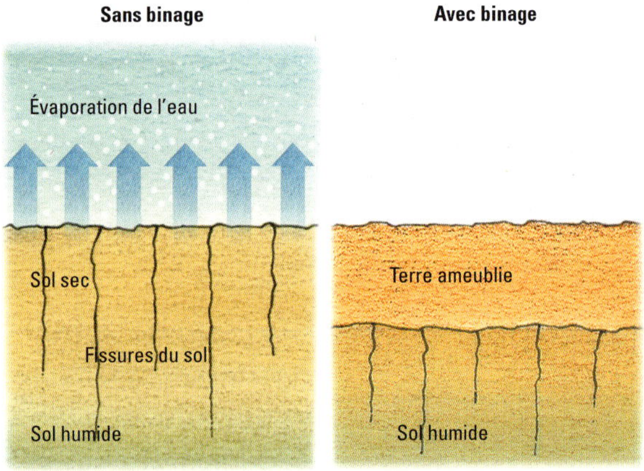

L'herbe

L'herbe (tapis de graminées et plantes associées) renvoie beaucoup d'eau dans l'atmosphère par évapotranspiration (voir p. 111 et 135). Comment faire pour bénéficier de ses avantages sans pour autant gaspiller trop d'eau ?

Le sarclage

L'herbe au potager ou dans les plates-bandes de fleurs a pour nom « mauvaises herbes ». Cette flore spontanée, très variée, contribue indubitablement à l'épuisement des réserves d'eau estivales, tout en concurrençant les plantes cultivées pour l'espace et les éléments nutritifs. C'est pourquoi il est conseillé de sarcler au maximum à l'approche de la saison sèche. Cependant, il n'est pas mauvais qu'à la saison humide la flore **adventice** retrouve en partie ses droits. Elle a son rôle à jouer dans le cycle de l'eau en favorisant l'infiltration de la pluie grâce à son réseau de racines, en produisant de l'humus (qui stocke l'eau) et en captant la rosée.

À la saison humide il est bon que la flore adventice retrouve en partie ses droits : elle favorise l'infiltration de la pluie, produit de l'humus et capte la rosée.

Les engrais verts

L'herbe au potager, c'est également l'engrais vert, apprécié par les jardiniers bio. C'est une « herbe » bien spéciale (moutarde, phacélie, seigle, vesce, trèfle incarnat...) semée dans le but exclusif d'améliorer le terrain. S'il pousse au printemps, l'engrais vert a l'inconvénient de consommer une eau précieuse. Dans les régions où l'été est très sec, mieux vaut le réserver à l'arrière-saison (semis à partir d'août).

Faut-il laisser pousser l'herbe sous les arbres du verger ? L'enherbement permanent est une pratique tradition-

Adventice : qui n'a pas été semé. Plantes adventices : mauvaises herbes.

La culture d'engrais verts est à réserver à l'arrière-saison afin qu'elle ne concurrence pas les légumes pour l'eau.

Lors des tontes estivales, pensez à ne pas couper trop court votre gazon.

nelle dans les régions à été humide : on connaît les prés-vergers de Normandie, de Bretagne, d'Auvergne, de Lorraine, de Thiérache…, qui associent astucieusement élevage et production fruitière. Ces zones reçoivent en moyenne plus de 650 à 700 mm d'eau, bien répartis dans l'année. Ailleurs, l'herbe concurrence trop les arbres pour être admise à l'aplomb de leur ramure en dehors de l'automne et de l'hiver.

Le gazon, bien sûr, c'est aussi de l'herbe. Comment faire pour qu'il consomme moins d'eau ? Il suffit, lors des tontes estivales, de ne pas couper plus du tiers de la longueur de l'herbe, afin de favoriser un enracinement profond, indispensable à une bonne alimentation en eau… sans trop d'arrosage.

La culture en planches favorise le drainage en cas d'humidité excessive au potager.

Gérer les excès de précipitations

S'il est surtout question, dans ce livre, de gérer la pénurie, n'oublions pas que l'excès d'eau aussi peut poser problème. Les précipitations incessantes empêchent tout travail de la terre et favorisent les maladies cryptogamiques et les limaces. Certaines cultures potagères, comme le fraisier, le melon, la tomate, l'ail ou l'oignon, s'en remettent difficilement.

Favoriser le drainage

Mais à quelque chose malheur est bon : le temps de pluie est l'occasion d'observer le comportement du sol. Si celui-ci conserve une structure poreuse, il permet l'infiltration de l'eau et un « ressuyage » rapide permettant de jardiner. C'est le cas lorsqu'il est suffisamment riche en humus et qu'il est couvert par paillage ou engazonnement. Le sol nu, en revanche, se colmate très vite. L'eau ruisselle alors en surface et elle est perdue.

Il y a une astuce pour favoriser le drainage d'un excès d'eau au pied des plantes fragiles du potager : plantez celles-ci sur des billons, sortes de buttes de 5 à 10 cm de hauteur assez larges pour recevoir plusieurs rangs et séparées par des allées légèrement creusées. Le même principe est applicable au verger : plantez sur butte de manière que le collet se trouve à 5-10 cm au-dessus du niveau initial du sol.

Un sol riche en humus et couvert par un paillis permet l'infiltration rapide de l'eau.

Tuyaux
pour l'arrosage

Où qu'on jardine, on doit arroser à un moment ou à un autre, pour satisfaire les besoins en eau des plantes. C'est pourquoi le « bien arroser » est un des chapitres fondamentaux de l'art du jardinage. Il comprend, bien sûr, la chasse au gaspillage de l'eau.
En général, il faut bien l'avouer, on arrose mal : soit on n'arrose pas assez, et les plantes ne donnent pas le meilleur d'elles-mêmes, soit on arrose trop, ce qui ne vaut pas mieux, car cela favorise les maladies causées par les champignons microscopiques.

Bassinage, mouillure et arrosage

C'est une tradition fort ancienne chez les jardiniers que de distinguer trois degrés dans l'intensité de l'arrosage. Principe général : plus une plante est développée et plus les volumes d'eau appliqués seront importants.

Le bassinage

Le **bassinage** a pour but, par un arrosage modéré en pluie fine, d'éveiller les semences au moment du semis, d'assurer leur contact avec les particules du sol, faute de quoi la levée risque d'être reportée à la prochaine pluie, donc retardée de plusieurs semaines en été. La veille du semis, si la terre est sèche, arrosez la ligne qui va être ensemencée. Puis, après avoir semé et refermé le sillon, arrosez de nouveau, en pluie fine et modérément. Il est

Bassinage : arrosage modéré en pluie fine.

difficile de préciser les quantités d'eau à appliquer : la terre doit être humide sur les tout premiers centimètres de sa profondeur.
Le bassinage concerne également les boutures en cours d'enracinement, les plantes d'intérieur (nettoyage des feuilles), plantes de serre et autres sujets délicats. Les serristes professionnels recourent à la brumisation pour augmenter le taux d'humidité de l'air dans leurs serres, condition de la pérennité des plantes d'origine tropicale.

Le bassinage : pour favoriser la germination des semences.

La mouillure

La mouillure est l'arrosage d'une culture en début de croissance, alors que ses besoins sont encore modérés. La dose d'eau est de l'ordre de la moitié de celle de l'arrosage proprement dit. Cela concerne notamment les pépinières de jeunes légumes et de fleurs, les semis en terrine, godets, mottes ou sous châssis. On mouille également juste après avoir repiqué ou mis en place des plantes, des arbres ou des arbustes.

L'arrosage proprement dit

Quant à l'arrosage proprement dit, c'est l'apport d'eau à des plantes en plein développement. Il concerne les cultures potagères, la pelouse, les massifs de fleurs, les arbres et arbustes.

Quand arroser ?

Il faut arroser dès que les dernières traces d'humidité ont disparu à la surface du sol, et de manière plus urgente encore lorsque les plantes donnent des signes de léger flétrissement en plein soleil et que la terre commence à se fendiller ou à se transformer en poudre.
Le stress hydrique déjà bien avancé se manifeste par une coloration anormalement sombre du feuillage, un port prostré, un mauvais développement général. À ce stade, les dégâts sont irréversibles et l'arrosage ne permet plus de rattraper la situation.
Procéder en soirée ou la nuit permet de diviser par deux les pertes par évaporation et d'éviter les brûlures occasionnées sur les feuilles par les gouttelettes.
Il faut parfois arroser même s'il a plu, car seules des pluies supérieures à 10 mm (10 l/m^2) sont réellement efficaces et peuvent donc être déduites de la dose d'arrosage.

Savoir populaire

◗ Si quand il pleut les poules vont à l'abri,
Dites que la pluie s'en va finie.
Si elles restent dehors et se laissent mouiller,
Ne pensez pas que la pluie va cesser.

◗ Quand les canards battent de l'aile dans le ruisseau,
Bientôt le laboureur aura de l'eau.

◗ Chat qui se peigne,
Signe de pluie prochaine.

◗ Poissons sortant de l'eau,
La pluie pour bientôt.

Prévoir la pluie

Arroser juste avant le déclenchement de la pluie est évidemment un gaspillage impardonnable. Il suffit, pour l'éviter, de faire le numéro du répondeur de la station régionale de Météo France la plus proche de son jardin. Les prévisions à cinq jours sont très fiables.
L'observation de la nature renseigne sur le court terme. Animaux et plantes, en effet, sont beaucoup plus sensibles que nous à d'infimes signes précurseurs d'un changement de temps, et le manifestent d'une façon qu'il nous faut savoir détecter. Les fameuses « hirondelles qui volent bas » annoncent effectivement l'arrivée imminente de la pluie, les insectes qu'elles chassent se rapprochant du sol. La grive s'égosillant au sommet d'un arbre est signe d'averses. La pomme de pin se referme par temps humide – réaction de protection des graines qu'elle abrite – par simple décontraction des fibres de bois qui composent ses écailles. C'est tout bonnement un hygromètre !

Quant à savoir si un épisode de sécheresse va ou non se prolonger, si l'été qui arrive sera plutôt sec ou plutôt humide, ce genre de prévision est plutôt hasardeux. Les modèles des météorologues ne fonctionnent pas à de telles échéances. On pourrait dire avec un clin d'œil que plus une sécheresse dure et… plus elle va durer (l'absence d'évaporation diminue la probabilité de pluies par convection), mais qu'il y a bien un moment où elle prendra fin, quand une **perturbation** plus forte que les autres vaincra l'anticyclone !

Perturbation : modification de l'état de l'atmosphère entraînant des vents violents et des précipitations. On emploie souvent ce mot pour désigner une dépression.

Le pluviomètre, aide à la décision

Un bon jardinier prend des notes sur son agenda. La hauteur d'eau relevée dans le pluviomètre est une de ces données qui peuvent l'aider à prendre les bonnes décisions, notamment celle d'arroser.
Échelle d'importance des événements pluvieux :
- pluie faible : entre 0,1 et 4,9 mm
- pluie importante : 5 mm
- pluie efficace pour l'arrosage : 10 mm et plus
- pluie intense : plus de 40 mm en 24 heures
- pluie exceptionnelle : plus de 90 mm en 24 heures

Avec quelle eau ?

On arrose avec l'eau qu'on a, plus ou moins « bonne » selon sa provenance. L'eau de pluie est considérée comme la meilleure, car absolument dépourvue de cal-

Réserve d'eau en surface.

caire. L'eau d'orage a la réputation d'être enrichie en ammoniaque et donc d'avoir une action légèrement fertilisante. L'eau de source, de puits, ou du robinet est, bien sûr, exploitable pour l'arrosage. Mais elle est parfois trop minéralisée (voir p. 83 « Puiser, capter, récupérer l'eau »), peu aérée et froide. L'eau de mare ou de rivière n'a pas cet inconvénient (voir « L'eau de mare » p. 85).
Il vaut toujours mieux arroser avec une eau tempérée – dont la température est au moins égale à celle de l'air ambiant. Cela évite un choc thermique préjudiciable aux plantes. Pour cela, l'eau d'arrosage aura séjourné le temps nécessaire dans une réserve à ciel ouvert et à température ambiante.

De l'eau à la plante : deux schémas d'arrosage

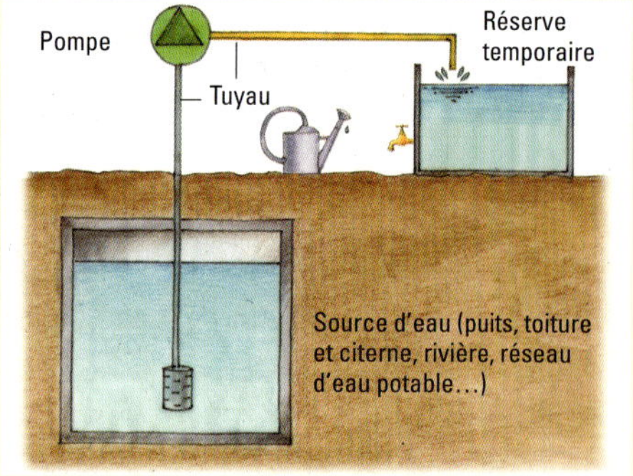

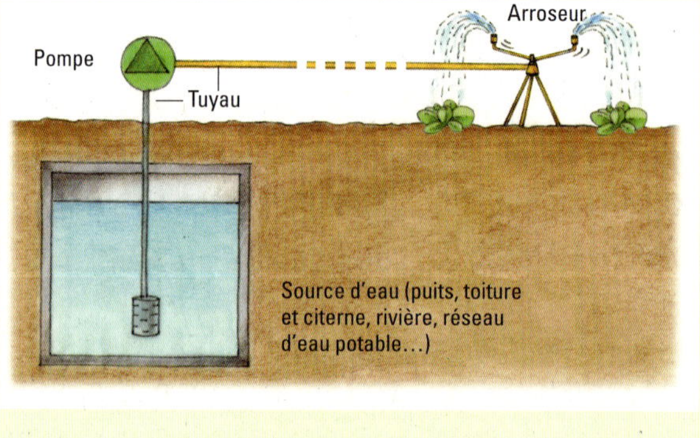

Les systèmes d'arrosage

Du simple pulvérisateur destiné à humecter quelques plantes d'intérieur à l'arrosage intégré couvrant tout un jardin, il existe des solutions adaptées à chaque situation. Les facteurs à prendre en compte sont les besoins en eau (surface, fréquence des apports d'eau), l'origine de l'eau, le budget disponible et le type de jardin.

L'atomiseur ou vaporisateur

Le petit flacon en plastique, pourvu d'un système que l'on actionne avec la main, est bien pratique pour bassiner les plantes d'intérieur. C'est la meilleure façon de compenser la sécheresse de l'atmosphère tout en débarrassant les feuilles de la poussière.

L'arrosoir

L'arrosoir est en théorie le meilleur outil pour l'arrosage car il met en prise directe le jardinier et ses plantes, ce qui permet un juste dosage sans aucun gaspillage. Il permet de puiser facilement l'eau d'où qu'elle vienne : réserve alimentée par un robinet (eau du réseau) ou une

L'arrosoir, un des meilleurs outils pour l'arrosage.

pompe (eau de citerne, de puits ou de rivière), plan d'eau, cours d'eau, puits, source, rivière…
C'est le système le plus économique, car il suffit de deux arrosoirs (un pour chaque main), pourvus de pommes à trous plus ou moins fins. Préférez les grandes anses arrondies, qui permettent de manipuler l'ustensile d'une main, aux anses fantaisie ou « à l'ancienne ». Les arrosoirs en tôle galvanisée ou en cuivre sont plus beaux et résistants que ceux en plastique, mais ils sont plus lourds (2 kilos environ pour un dix-litres, contre 1 kilo pour un modèle équivalent en plastique).

Intérêt technique
• Contrôle précis des doses d'eau appliquées et localisation de l'apport au niveau de chaque plante.
• Économie d'eau.
• Possibilité de moduler les apports d'eau (pomme fine pour les bassinages, pomme normale pour l'arrosage « en plein », goulot pour l'arrosage localisé).

Inconvénients
• Impossibilité d'automatiser.
• Pénibilité du travail si le point d'eau se situe loin des zones à arroser.
• Temps passé, qui peut devenir prohibitif dans un grand jardin situé dans une zone sèche.

En résumé, l'arrosoir est parfaitement adapté aux petits jardins.

L'irrigation par gravité dans des rigoles

L'irrigation par gravité consiste à faire couler l'eau un certain temps dans des rigoles creusées le long des rangs. On peut même planter directement au fond des rigoles. Le secret de la réussite de ce système réside dans la légère pente donnée au profil des rigoles, depuis l'amont (l'arrivée de l'eau) jusqu'à l'aval (les dernières plantes à arroser dans le circuit). L'idéal serait que les plantes situées en bout de ligne reçoivent suffisamment d'eau, mais pas trop car elle serait gaspillée. Il faut éventuellement créer de petits barrages avec de la terre ou des

pierres, et pratiquer des *by-pass* (ou courts-circuits) pour rééquilibrer les débits. Un petit jeu qui peut faire le bonheur des enfants !
En usage dans le Midi, dans les zones de jardins situées sous les sources. Il y a alors un partage du temps d'arrosage.

Intérêt technique	Inconvénient
• Pas de matériel spécifique. • Efficacité sans gaspillage, car l'apport est localisé au niveau des racines. • Pas d'eau sur le feuillage des plantes. • Adapté aux cultures potagères en lignes.	• Nécessité d'avoir une source d'eau en amont du jardin.

Dans le midi de la France : irrigation d'un jardin en terrasse grâce à un canal et à un réseau de rigoles.
À droite : le canal par où l'eau arrive dans le jardin en provenance d'une source.
Parallèle à ce canal : la rigole qui distribue l'eau dans la parcelle. Les cultures sont dans des cuvettes alimentées en eau par la rigole.

Calculer le débit d'une arrivée d'eau

1. Estimer la section : largeur du canal x profondeur moyenne de l'eau.
2. Estimer la vitesse de l'eau en mètres par seconde en chronométrant le déplacement d'une brindille sur quelques mètres.
3. Calculer le débit en litres par heure en multipliant la surface de la section par la vitesse de l'eau.

Exemple : soit un canal de 0,20 m de largeur dans lequel une lame d'eau de 0,05 m s'écoule à la vitesse de 0,25 m par seconde. Le débit est : 0,20 m x 0,05 m x 0,25 m = 0,0025 m^3 par seconde, autrement dit 9 000 litres (9 m^3) par heure.

La micro-irrigation

Irriguer sous faible pression mais en permanence permet de mieux satisfaire les besoins des plantes tout en économisant de 50 % à 60 % des volumes d'eau consommés. On utilise pour cela des tuyaux microporeux, des tuyaux avec goutteurs incorporés (goutte-à-goutte) et autres matériels analogues proposés par les marques spécialisées, couplés éventuellement à un programmateur d'arrosage. Cela permet de distribuer de manière « intelligente » l'eau d'arrosage le long des lignes de culture à partir d'un point d'alimentation. Les goutteurs ou les perforations des tuyaux microporeux débitent l'eau au pied des plantes. Certaines marques proposent des kits et de nombreux accessoires permettant d'adapter le système à toutes les situations.

Si l'alimentation se fait au robinet, et si la pression est forte (plus de 2 bars), il est conseillé d'installer un réducteur de pression. Si l'on utilise une réserve (d'eau de pluie, par exemple), celle-ci doit se situer en hauteur de façon à assurer une pression suffisante par gravité. Pour assurer 0,5 bar, une dénivellation d'au moins 5 mètres est nécessaire.

Intérêt technique
- Économie d'eau.
- Continuité de l'arrosage.
- Intéressant pour les linéaires (notamment dans le potager ou le verger).
- Possibilité d'automatiser.
- Possibilité de mélanger du purin d'ortie (soigneusement filtré et dosé à 15 %) à l'eau d'arrosage, si celle-ci passe par un bac de réserve. Le purin d'ortie, obtenu par simple macération d'orties fraîches dans de l'eau pendant au moins deux semaines, est un excellent stimulant biologique.

Inconvénients
- Difficulté d'arroser ainsi l'ensemble du jardin.
- Temps passé à mettre en place les tuyaux et, éventuellement, à les changer de place en fonction des besoins.
- Impossibilité d'utiliser l'eau du réseau si elle est calcaire, car le dépôt de tartre finit toujours par boucher goutteurs et perforations.

Le marché spécialisé propose différents accessoires pour équiper les lignes de micro-irrigation.
Le tuyau microporeux débite lentement 9 litres par mètre linéaire et par heure. C'est la formule la plus adaptée au potager, car on peut facilement changer le tuyau de place. Les tuyaux munis de goutteurs conviennent à une disposition fixe, au pied de lignes d'arbustes ou de tomates, par exemple. Un goutteur débite de 2 à 4 litres par heure, voire plus, si nécessaire, pour certains modèles réglables.

Différents accessoires de micro-irrigation (de gauche à droite) :
– goutteur en ligne,
– tuyau poreux,
– micro-asperseur.

Micro-asperseur monté sur un piquet.

Types d'arroseurs	Caractéristiques
Goutteurs autorégulants	Débitent l'eau goutte à goutte à un débit constant variant suivant les modèles de 2 à 4 litres par heure.
Goutteurs réglables	*Idem* avec la possibilité de régler le débit.
Micro-asperseurs ou aspergeurs	Arrosent en pluie fine des surfaces circulaires (ou des secteurs) de 10 à 300 cm suivant les modèles. Certains modèles sont réglables. Peuvent être équipés d'un tube prolongateur et/ou d'un régulateur pour régler le débit et la portée.

Deux astuces

▸ Pour rendre d'arrosage au goutte à goutte encore plus efficace, enfoncez dans le sol, au niveau de chaque goutteur, un tube type tube électrique gris de 16 mm de section et de 20 à 30 cm de long, et faites goutter dedans. Ainsi, les racines n'auront pas tendance à se développer à la surface du sol, ce qui rendrait les plantes plus sensibles à la sécheresse.

▸ Pour contrôler les débits, placez des récipients (par exemple des demi-bouteilles de plastique) sous des goutteurs situés en début, milieu et fin de ligne.

À GAUCHE Enfoncés dans la terre juste sous les goutteurs, des tubes en plastique favorisent l'enracinement profond des racines.
À DROITE Des bouteilles placées sous quelques goutteurs permettent de contrôler les débits.

Jarres enterrées et bouteilles percées

L'arrosage au goutte à goutte n'est pas une invention récente. Il y a bien longtemps que, dans les contrées sèches du monde, on le pratique avec les moyens du bord. Le principe est d'enterrer au pied des plantes à arroser des récipients poreux ou percés (jarres, par exemple), que l'on remplit d'eau régulièrement et qui délivrent l'eau progressivement, localement et avec parcimonie par suintement à travers la paroi.
On peut s'inspirer des jarres enterrées et recourir à des pots à fleurs, ou bien à des bouteilles en plastique : découpez le goulot pour faciliter le remplissage, percez le fond de petits trous, enterrez le récipient à proximité de la plante à arroser (pied de tomate, par exemple), déposez éventuellement un peu de terre à l'intérieur s'il faut ralentir le flux, puis remplissez. S'inspirant de ce système, des fabricants ont mis sur le marché des tuteurs creux en plastique pour les tomates.

Micro-arroseur improvisé : bouteille plastique percée enterrée près d'un pied de tomate.

L'aspersion

L'eau sous pression est distribuée sous la forme d'une pluie plus ou moins fine par des appareils dont le débit unitaire est élevé et dépasse en général les 1 000 litres par heure pour des surfaces pouvant atteindre 500 m². Il existe de nombreux modèles d'arroseurs adaptés à toutes les surfaces et formes de parcelle. Pour la plupart, ils peuvent être réglés. Beaucoup sont mobiles, car montés sur socle, pic ou traîneau. Les meilleurs comportent un système de réglage de la portée (jusqu'à 20 mètres), du secteur arrosé (de 5° à 360°) et du débit. Il est possible de placer certains arroseurs sur trépied pour les adapter à une végétation haute.

Intérêt technique

- Intéressant pour l'arrosage de surfaces entières et importantes.
- Possibilité d'automatiser ou de choisir des asperseurs équipés d'une minuterie ou d'un compteur volumétrique qui coupe l'arrivée d'eau dès que la dose est atteinte.
- L'aspersion d'eau sur le feuillage prévient les attaques de pucerons, acariens et mouches blanches (aleurodes).
- Adapté à l'arrosage du gazon.

Inconvénients

- Gaspillage d'eau (risque de laisser l'asperseur fonctionner trop longtemps).
- Favorise le développement des mauvaises herbes, des maladies cryptogamiques (mouille le feuillage) et des limaces.
- Peu adapté aux petits jardins où voisinent plantes exigeantes en eau et plantes sobres.
- Temps passé assez important (installation, déplacement).
- Nécessite de l'eau sous pression (robinet ou pompe en aval de la réserve).

CI-CONTRE Certains arroseurs placés sur trépied permettent l'arrosage d'une végétation haute.
PAGE DE DROITE À GAUCHE Turbine escamotable. À DROITE Arroseur rotatif.

Type d'arroseur	Principe	Utilisation, avantages
Arroseur rotatif	Une pièce percée de séries de trous (buses) tourne sous l'action de la pression de l'eau, distribuant celle-ci sur une surface circulaire ou sur un secteur	Moyennes et petites surfaces
Turbine	L'eau est distribuée sur une surface circulaire ou un secteur par une tête d'arrosage unique	Toutes surfaces Silencieux
Arroseur-canon	Jet unique couplé à un brise-jet et à un balancier tournant sous l'action de la pression	Grandes surfaces
Arroseur oscillant	Une rampe percée de buses oscille sous l'action de la pression	Surfaces rectangulaires
Arroseur souple	Tuyau souple pourvu de microperforations qui pulvérisent l'eau	Bandes d'environ 5 mètres de terrain (haies, plantations en ligne)

Mesurer les hauteurs d'eau appliquées par un arroseur

Placez une boîte de conserve à différents endroits de la zone arrosée et mesurez la hauteur d'eau à la fin de l'arrosage. Ou bien tracez un repère à l'intérieur au niveau souhaité et stoppez l'arrosage lorsqu'il est atteint.

À retenir

- **10 mm équivalent à 10 l/m².**
- **1 m³ équivaut à 1 000 litres.**
- **Le volume d'un arrosoir est d'environ 10 litres.**

L'arrosage intégré

L'arrosage intégré consiste à mettre en place des équipements fixes dans toutes les parties du jardin nécessitant un arrosage régulier :
– programmateur (éventuellement) ;
– réducteur de pression à 1 bar (dans le cas d'un arrosage intégré « basse pression ») ;
– tuyaux enterrés ;
– **électrovannes** commandant l'alimentation des arroseurs ;
– micro-asperseurs pour les massifs de fleurs, sprinklers, arroseurs oscillants ou turbines escamotables pour les pelouses, goutteurs (nécessitant la basse pression) pour les arbustes et les rosiers.

Coûteux et complexe, il est plus adapté aux espaces verts et aux grands jardins ouverts au public qu'aux petits jardins particuliers. L'arrosage intégré doit être alimenté par de l'eau sous pression (réseau ou pompe d'arrosage), même si la distribution de l'eau se fait à basse pression, solution la plus économe en eau. Il peut être automatisé.

Électrovanne : vanne commandée électriquement utilisée dans les circuits d'eau automatisés.

Schéma de principe d'un arrosage goutte-à-goutte (micro-irrigation)

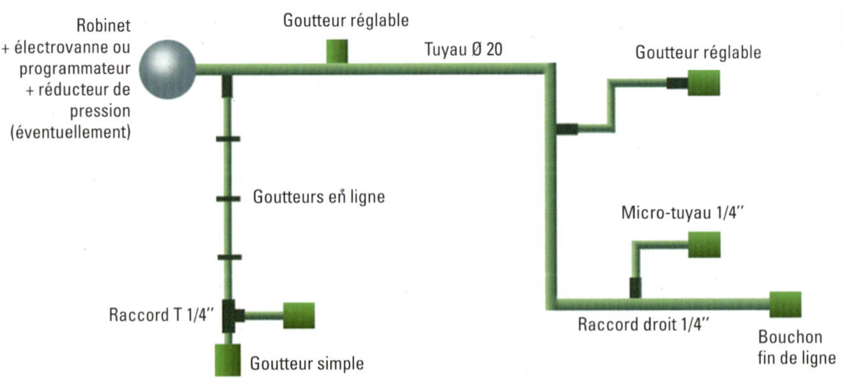

Automatiser l'arrosage

Arroser son jardin sans se déranger, ou même quand on est absent… Ce rêve est parfaitement réalisable à condition d'y mettre le prix. En effet, l'automatisation de l'arrosage nécessite certains équipements :
• Minuterie : système de commande placé au niveau de l'alimentation et permettant d'arrêter automatiquement l'arrosage au bout d'une durée prédéterminée. Il existe des arroseurs avec minuterie intégrée.
• Programmateur : système plus élaboré que la minuterie qui permet de programmer plusieurs cycles d'arrosage par jour se déclenchant automatiquement à des horaires prédéterminés. Certains programmateurs destinés aux petits circuits d'arrosage se branchent directement sur le circuit d'eau. D'autres, qui commandent des électrovannes, conviennent aux circuits complexes.

Pratique, l'arrosage automatique présente toutefois certains inconvénients :
• Nécessité d'avoir de l'eau sous pression, donc d'arroser avec de l'eau du réseau, ou d'utiliser une pompe d'arrosage.
• Nécessité de s'équiper avec un nombre suffisant d'arroseurs, faute de pouvoir les déplacer.
• Enfin, la programmation de l'arrosage ne tient pas compte des besoins réels. Ainsi, l'arrosage peut se déclencher même s'il pleut à seaux ! Solution : raccorder le programmateur à un capteur (ou sonde) mesurant en continu l'humidité du sol, ou à un pluviomètre.

Programmateur d'arrosage.

Le jet

Presque aussi simple et peu coûteux que l'arrosoir ! Un tuyau, un jet au bout, un jardinier pour tenir et diriger l'ensemble. Mais il faut disposer d'eau sous pression, donc d'un robinet ou d'une pompe d'arrosage.

Intérêt technique

• Possibilité de changer ou de régler la buse d'arrosage en fonction des besoins et d'orienter le jet à assez grande distance. Il existe dans le commerce toutes sortes de pommes d'arrosage (lance-arrosoir et fusil-arrosoir à jet variable) et de lances-pistolets.

Inconvénients

• Le tuyau à traîner dans le jardin.
• Le temps passé, important si la surface est grande (passer à l'aspersion).
• La brutalité du jet néfaste aux plantes et à la terre.
• La difficulté de doser l'apport d'eau, et... la tentation de « trop en mettre ».

Jet d'eau traditionnel en laiton.

Deux astuces

▸ La borne guide-tuyau (il en existe de décoratives), qui évite que le tuyau, suite à un geste malencontreux, ne fauche des plantes.

▸ Le conseil « économie » : étalonner le tuyau pour savoir ce qu'on donne à chaque plante ou à chaque mètre carré. Le plus simple est de chronométrer le remplissage d'un seau de 10 litres.

Un jardin, plusieurs systèmes d'arrosage

Systèmes d'arrosages	Adapté à un jardin…	Besoins en eau
Arrosoir	petit*	faibles
Gravité	petit*	importants
Aspersion	petit ou grand	importants
Micro-irrigation	petit ou grand	faibles à importants
Jet	petit*	faibles à importants

* Jusqu'à 200 m²

CI-CONTRE *Arroseur oscillant.*
CI-DESSOUS, À GAUCHE *Pistolet-arrosoir.*
CI-DESSOUS, À DROITE *Arroseur souple.*

La pompe

Une pompe de jardin sert à transporter de l'eau d'un gisement (citerne, puits, cours d'eau…) à un autre point (bac ou bassin, arroseur…) situé en général plus haut. Elle se compose essentiellement d'une turbine d'aspiration mue par un moteur électrique ou thermique, ou bien par un bras actionné par… le jardinier (pompe manuelle en fonte).
Ce type de pompe est différent des modèles qui alimentent les circuits d'eau traditionnels, des pompes dites « vide-caves », des pompes adaptées à l'évacuation des eaux « chargées » de terre ou de sable, ou bien encore des pompes qui font fonctionner les jets de bassins.
Toutes les pompes de jardin ne sont pas en mesure de faire fonctionner un arroseur, par manque de pression ; il faut donc choisir en fonction de cela. Et même une pompe « d'arrosage » peut se révéler insuffisante pour alimenter un arrosage intégré, où les pertes de charge sont importantes du fait du nombre des arroseurs et de la longueur de tuyau (voir « La perte de charge », p. 76). Il faut alors lui adjoindre un **surpresseur**. Une crépine – en général fournie avec le tuyau d'aspiration – est indispensable sur une pompe destinée à l'arrosage direct, pour retenir les impuretés susceptibles de boucher l'arroseur.
Le débit indiqué par le fabricant est en général le débit maximal obtenu pour une dénivellation nulle à l'aval de la pompe. Si le tuyau alimenté par la pompe s'élève, le débit diminue jusqu'à s'annuler à la hauteur maximale propre à chaque modèle de pompe (voir graphique).

Surpresseur : pompe spéciale que l'on ajoute dans un circuit pour augmenter la pression.

Un usage, une pompe	
Usage, situation	**Type de pompe**
Alimentation directe d'un arroseur	Pompe « d'arrosage » donnant une pression importante (3,5 à 5 bars)
Puits peu profond (moins de 9 mètres), citerne, bassin, mare, cours d'eau	Pompe de surface électrique, pompe manuelle
Puits profond (plus de 9 mètres)	Pompe immergée
Forage	Pompe immergée spécial forage
Réseau électrique éloigné	Pompe à moteur thermique (motopompe)

Différents types de pompes de jardin

Pompes de surface électriques

• Aspiration jusqu'à 6 à 9 mètres au-dessous de leur niveau suivant les modèles (voir la longueur du tuyau d'aspiration fourni).

• En général autoamorçantes, mais il est préférable de les remplir jusqu'au niveau de la sortie de la pompe avant la mise en marche.

• Débit : 4 à 5 m^3/h (valeur indicative).

• Puissance : 550 à 1 600 W (valeurs indicatives).

• Avantages : faciles à déplacer, automatisables, peu coûteuses.

• Entretien : les vidanger et les abriter de la pluie en dehors de la saison d'utilisation.

Pompes immergées électriques

• Aspiration jusqu'à des profondeurs importantes (10 à 60 mètres suivant les modèles).

• Débit maximal : 1,5 à 6 m^3/h suivant les modèles.

• Puissance : 60 à 1 200 W.

• Avantages : pas de bruit, automatisables, pas de vidange ni d'entretien.

Pompes électriques solaires

• Alimentées par des panneaux photovoltaïques en courant basse tension (en général 12 ou 24V).
• Débit : 0,7 à 2,2 m³/h.
• Avantages : fonctionnement gratuit et indépendance du réseau électrique.

Pompes à moteur thermique

• Moteur 2 temps (léger) ou 4 temps (peu polluant et facile à démarrer).
• Aspiration jusqu'à 6-7 mètres.
• Débit : 6 à 8 m³/h.
• Avantage : indépendance du réseau électrique.

EN HAUT Pompe immergée.
EN BAS Pompe de surface.

Le tuyau et ses accessoires

Le tuyau transporte l'eau depuis la pompe ou le robinet jusqu'au jet ou à l'arroseur. On en a donc besoin dans pratiquement tous les cas d'arrosage. Avoir un bon tuyau est un véritable investissement, car les bons sont bien plus pratiques et durables que les mauvais, mais ils sont également plus coûteux. Les meilleurs – multicouches et armés – résistent à la flexion et à l'écrasement. Quant au diamètre – 15, 19 ou 25 mm de diamètre intérieur –, il doit être choisi en fonction du débit attendu. Quand on passe de 15 à 19 mm, la section (surface de la cavité du tuyau) est presque multipliée par deux, et par trois en passant à 25 mm, ce qui augmente d'autant le débit autorisé. Les diamètres petit et moyen répondent à la plupart des besoins.

Les tuyaux proposés dans le commerce sont pour la plupart en plastique (PVC). Ce matériau a de bonnes qualités techniques, mais il pose des problèmes d'élimination lorsqu'il devient déchet, car il renferme du chlore, et parfois des métaux toxiques comme le cadmium ou le plomb. Le caoutchouc, plus coûteux, a l'avantage d'être

La vanne quart-de-tour est plus fiable que le robinet.

Raccord rapide en plastique.

d'origine naturelle, d'être durable, et de ne pas former de plis lors des déplacements. Le polyéthylène, moins polluant que le PVC, est utilisé pour les installations fixes (arrosage intégré).

Qui dit tuyau dit raccord, au niveau de la pompe ou du robinet comme au niveau de l'arroseur. Le système traditionnel raccord en laiton avec collier acier est solide et durable, mais moins pratique que le raccord rapide en plastique. Attention toutefois, ce dernier est sensible au gel, et peut casser si on roule dessus par mégarde.
L'accessoire utile : le régulateur de débit, à placer en amont d'un arroseur pour ajuster la dose d'eau.

Un peu d'hydraulique : la perte de charge

La perte de charge, c'est la perte de pression que l'on observe dans un tuyau ou une canalisation au fur et à mesure que l'on s'éloigne du point d'alimentation en eau. Elle est causée par les frottements de l'eau contre les parois.
Elle est plus faible dans les tuyaux neufs (bien lisses à l'intérieur) que dans les tuyaux usagés.

La perte de charge (exprimée en hauteur d'eau) dans un tuyau est :
– proportionnelle au périmètre intérieur et à la longueur du tuyau ;
– proportionnelle au carré de la vitesse moyenne de l'eau en m/s ;
– inversement proportionnelle à la surface de la section droite du tuyau.
D'où il découle que la perte de charge est moindre dans un tuyau de forte section, car la section varie plus vite que le périmètre en fonction du diamètre.

Bien doser l'arrosage

Pour être utile, l'arrosage doit être copieux : laissez couler tant que la terre absorbe, sauf, bien sûr, s'il s'agit de sable, par nature très filtrant. De cette façon, on peut se contenter d'arroser deux fois par semaine en sol léger, une fois par semaine en sol moyen et tous les dix jours en sol argileux, retenant bien l'eau.

L'arrosage des légumes

Il est difficile d'estimer la quantité d'eau nécessaire dans une année pour arroser un potager. Selon un ancien *Aide-mémoire agricole et viticole*, 8 m^3 étaient autrefois nécessaires aux maraîchers de Paris pour irriguer chaque mètre carré de leur exploitation. Ce qui est hallucinant et heureusement bien loin de la réalité des jardins d'aujourd'hui ! Un chiffre de l'ordre du demi-mètre cube (500 litres) pour chaque mètre carré de potager est certainement plus proche de la réalité.

S'il ne faut pas céder à la tentation d'arroser trop, lorsque l'arrosage est facile, il faut se garder de la même manière d'être chiche avec ses plantes au prétexte qu'« elles

Tuyau d'arrosage en caoutchouc.

n'ont pas l'air de souffrir », ou que « d'habitude, on n'arrose pas ». Même sous un climat où l'évapotranspiration estivale n'est pas très élevée, il faut arroser car tous les légumes ont des besoins élevés. Et il y a des années qui sont plus sèches que d'autres !

Arrosez les oignons si le temps est sec.

◗ Examinons le cas de l'oignon, légume réputé sobre. C'est typiquement la culture qu'on n'arrose pas car on le plante tôt en saison pour le récolter juste avant l'éventuelle sécheresse estivale. Pourtant, c'est un légume sensible au « stress hydrique » dès le stade 6-7 feuilles, car son enracinement est très superficiel. Si le développement végétatif est insuffisant, le rendement sera effectivement moins bon. Il ne faut donc pas hésiter à arroser l'oignon s'il fait sec, et arrêter trois semaines avant la date présumée pour l'arrachage, pour favoriser la maturation.

Exemple : oignons 'Sturon' plantés en mars pour être récoltés fin juillet. Pas d'arrosage dans les deux cas.
En 2003 : pluviométrie normale en mai (74 mm) et en juin (62 mm), période de pleine végétation de l'oignon. Récolte exceptionnelle en volume et qualité.
En 2004 : pluviométrie déficitaire en mai (50 mm) et en juin (33 mm). Récolte faible (calibre du tiers de l'année précédente) quoique de bonne qualité. Quelques arrosages (l'équivalent de 2 arrosoirs/m² en mai et 3 en juin) auraient permis d'éviter les conséquences de cette sécheresse inhabituelle.

◗ La pomme de terre est également une « fausse sobre », ce dont on se rend compte si, par exception, il fait sec dans les régions du nord de la France où on la cultive habituellement sans arrosage. Pour une plantation en avril, les besoins de la pomme de terre croissent rapidement en mai et restent maximaux en juin, pour décroître très vite en juillet. Toute sécheresse en juin pénalise le rendement. Mais l'aspersion sur le feuillage est à déconseiller car elle favorise le développement du mildiou. L'idéal est d'apporter l'eau « à la raie », entre les rangs.

Plantation en mottes des laitues : arrosez brièvement mais souvent pour éviter le dessèchement de la motte.

▸ Laitues et autres salades, en revanche, sont réputées assoiffées, avec juste raison. Dans le cas d'une plantation en mottes, il faut favoriser la sortie des racines de la motte. Il est donc important de planter dans un sol frais et de le maintenir humide en surface dans les jours qui suivent la plantation. Arrosez brièvement mais souvent pour éviter le dessèchement de la motte et favoriser le passage de la motte au sol. Laissez ressuyer suffisamment longtemps entre deux arrosages afin de favoriser un enracinement profond, qui rendra moins nécessaires les arrosages ultérieurs. De plus, l'absence d'humidité au niveau du feuillage et du collet permet d'éviter le développement de certaines maladies.

Exemples :
Printemps 2004 : laitues 'Appia' et batavia plantées le 15 mai. Pluviométrie déficitaire en mai et juin. Pas d'arrosage, sauf un ou deux trop tardifs. Mauvaise croissance, pas de pommaison et montée en graine prématurée.
Août 2004 : laitue romaine plantée fin juillet. Pluviométrie d'août excédentaire. Excellente croissance en dépit du petit nombre d'arrosages.

Un demi-mètre cube (500 litres) par an pour chaque mètre carré de potager semble une quantité proche de la réalité.

Il est donc conseillé de s'appuyer sur les besoins estimés de chaque plante potagère et de compléter, si nécessaire, les apports du ciel. Rappelons qu'une plante réclamant 3 litres par mètre carré et par jour peut les recevoir sous la forme d'un arrosage de 15 litres tous les 5 jours en sol léger, ou de 60 litres tous les 20 jours. Les pluies ne viennent en déduction des doses d'arrosage que s'il tombe plus de 10 mm, soit 10 litres d'eau par mètre carré.

Besoins en arrosages des principales cultures potagères
(En litres par mètre carré et par jour)

	Moitié nord	Moitié sud
Ail		
– végétation	-	3
– formation du bulbe	3	5
Asperge		
– récolte	-	-
– végétation	3	4,5
Artichaut		
– végétation	2	5
– production	5	7,5
Betterave		
– jusqu'au grossissement de la racine	3	4,5
– grossissement de la racine	4	6
Carotte		
– 1er mois (arrosages faibles et fréquents)	2	3
– ensuite	4	6
Chou-fleur		
– croissance	2 à 4	3 à 6
– grossissement de la pomme	5 à 6	7 à 9
Haricot (arroser régulièrement sans mouiller le feuillage)		
– jusqu'à la floraison	3	4,5
– nouaison	4	6
Laitue		
– jusqu'au stade rosette	2	3
– jusqu'à la pommaison	4	6
Melon (arroser très régulièrement)		
– jusqu'à la floraison	0,5	1
– récolte	3	6
Oignon		
– végétation	-	3
– grossissement du bulbe	3	3
Pomme de terre		
– avant tubérisation	2	3
– tubérisation	4	6
Poireau	3	5
Tomate, poivron, aubergine, courgette		
– jusqu'à la floraison	2	3
– grossissement des fruits	4	6

L'arrosage des fleurs

Sous climat méditerranéen, les besoins sont de 5 à 10 litres par mètre carré et par jour, sauf pour un jardin de rocaille ou de fleurs rustiques, qui, par définition, se contente de beaucoup moins (1 $l/m^2/j$ environ, voire rien du tout). Dans les autres régions, l'apport est à calculer sur la base de la moitié ou des deux tiers de ces chiffres.

L'arrosage des arbres et des arbustes

Il est indispensable d'arroser arbres et arbustes à la plantation et durant les deux années qui suivent. Ensuite, apportez de l'eau, s'il fait sec, aux groseilliers, cassis, framboisiers et actinidias, plantes dont les racines restent en surface, de même qu'aux pêchers, poiriers et pommiers, exigeants en eau.

Saturez le sol en début de saison (fin mai, début juin en région parisienne). Avec les arbres, les doses d'eau trop faibles sont rapidement évaporées ou consommées à faible profondeur. L'équivalent de 40 mm de pluie (40 l/m^2) est juste suffisant ! Arrêtez d'arroser les arbres à partir de septembre, afin de favoriser l'aoûtement (durcissement) des jeunes rameaux et d'améliorer la qualité des fruits, si la récolte n'est pas encore faite.

Le pêcher est un arbre exigeant en eau.

L'arrosage de la pelouse

Si l'eau n'est pas comptée et que vous tenez à avoir un beau gazon en dépit de la sécheresse, utilisez un asperseur adapté à la surface à arroser. Règle absolue : aucun arrosage de pelouse ne doit dépasser une hauteur d'eau de 2 cm, soit 20 litres par mètre carré, ce qu'il est facile de contrôler en plaçant une simple boîte de conserve dans la zone arrosée. Il faut adapter le rythme des arrosages et la dose d'eau à la nature du sol :
– sol léger (sable) : 8-10 litres par mètre carré, soit 8 à 10 mm, deux fois par semaine ;
– sol moyen : 10-15 litres par mètre carré, soit 10 à 15 mm, une fois par semaine ;
– sol lourd (argile) : 15-20 litres par mètre carré, soit 15 à 20 mm, toutes les semaines et demie.

L'arrosage des plantes d'intérieur

• Arrosez chaque plante une ou deux fois par semaine, moins dans une pièce fraîche.
• La terre doit être humide mais pas détrempée ! Laissez sécher entre deux arrosages.
• En cas d'absence prolongée, juste avant de partir, faites tremper longuement chaque potée de manière à ce que l'humus et l'argile du substrat soient saturés d'eau. En été, si possible, placez les plantes à l'extérieur, à l'ombre. Elles profiteront des pluies. Dans les régions à été très sec, laissez-les à l'intérieur, où elles souffriront moins de la chaleur et de la sécheresse de l'air.
• Recourez éventuellement à un système d'arrosage automatique spécial pour les plantes d'intérieur, alimenté par des bouteilles.
• Placez des cailloux ou des billes d'argile dans la soucoupe et remplissez celle-ci d'eau : cela crée une certaine humidité ambiante.
• Pulvérisez de l'eau de pluie sur le feuillage aussi souvent que possible.

Puiser, capter, récupérer l'eau

Pour arroser, c'est une vérité de La Palice, il faut de l'eau. Celle qui s'écoule du robinet est bien pratique. Arrivant sous pression, elle se prête à l'arrosage au jet, à l'arroseur tournant ou oscillant, et même à la micro-irrigation pour peu qu'elle ne soit pas dure. Le calcaire, en effet, colmate rapidement les petits orifices. Le problème, si l'on peut dire, avec l'eau « du robinet », c'est qu'elle est potable. Cette qualité est obtenue par toute une série de traitements relativement coûteux, même si cette eau reste objectivement bon marché… comparée à l'eau en bouteille. On peut juste dire qu'utiliser de l'eau potable pour arroser un jardin, « c'est du gaspillage ». Il y a toujours moyen de faire autrement : en France, l'eau brute est présente partout, et le plus souvent à moindres frais. Il suffit de savoir la puiser, la capter ou la récupérer.

Utiliser de l'eau potable pour arroser un jardin, « c'est du gaspillage ». En France, l'eau brute est présente partout, et le plus souvent à moindres frais.

Les eaux de surface

L'eau de rivière ou de ruisseau

Qualités et défauts : un cours d'eau est toujours plus ou moins pollué, mais sa « qualité » n'est pas pire, en général, que celle de l'atmosphère, ou même du sol, réceptacle de tous les aérosols suspects qui arrivent par la voie des airs. Les nitrates, phosphates et autres sels minéraux considérés comme des polluants lorsqu'ils sont en excès dans l'eau ne posent pas de problème lorsqu'ils sont apportés au sol par l'arrosage. Au contraire, ils font partie des aliments normaux des plantes. Compte tenu de la présence possible de germes pathogènes dans l'eau de rivière, il est préférable de ne pas asperger avec celle-ci les légumes prêts à récolter que l'on consomme crus. Si cela arrivait, lavez bien les produits avec de l'eau potable avant de les préparer.

Réglementation : si l'on est riverain d'un cours d'eau, on a le droit d'y pomper de l'eau pour l'arrosage, sauf restrictions particulières édictées par le maire ou le préfet lorsqu'il y a pénurie. Dans les régions où les besoins en eau d'arrosage sont importants par rapport à la ressource disponible, il est de tradition de partager les temps d'irrigation.

Dans le cas d'un cours d'eau, d'un canal ou d'un lac domanial (navigable ou flottable), l'eau appartient à l'État, qui peut, ou non, accorder aux riverains ou non-riverains l'autorisation de la puiser pour certains usages.

Partage de l'eau dans un petit village du Midi : l'eau passant dans le lavoir est ensuite dirigée vers les jardins situés en contrebas.

Analyser l'eau

- À faire soi-même : il est possible de mesurer soi-même le pH (degré d'acidité), la **dureté** et la teneur en nitrates d'une eau, quelle qu'elle soit. Il suffit d'utiliser des bandelettes spéciales, achetées chez le pharmacien, qui réagissent une fois trempées dans l'eau en changeant de couleur. On compare alors la couleur obtenue à une échelle colorimétrique, qui donnera la valeur recherchée.
- À consulter à la mairie : l'analyse de l'eau distribuée par le réseau d'eau potable. Son affichage est obligatoire.
- À demander à un laboratoire spécialisé (accessible aux particuliers à un tarif peu élevé) : l'analyse de l'eau d'une source ou d'un puits, car ses caractéristiques peuvent varier énormément selon les cas. Ce n'est pas le cas avec l'eau de pluie. Le but de l'analyse d'eau est, en général, de vérifier la potabilité. Elle renseigne sur la **dureté**, le **pH**, la teneur en certains sels minéraux, en nitrates, et, éventuellement, en résidus d'herbicides.

Dureté : teneur d'une eau en ions calcium et magnésium. Les eaux dures (eaux calcaires ou magnésiennes) laissent déposer beaucoup de tartre.
pH : chiffre donnant une indication de l'acidité ou de l'alcalinité d'une solution ;
pH inférieur à 7 : acide ;
pH = 7 : neutre ;
pH supérieur à 7 : alcaline.

L'eau de mare

Qualités et défauts : la qualité de l'eau de mare est très variable. La présence d'algues filamenteuses est le signe d'une **eutrophisation** importante. C'est mauvais pour la vie de la mare, mais n'empêche aucunement d'utiliser l'eau pour l'arrosage : les phosphates et nitrates en solution joueront alors un rôle bénéfique comme engrais. Le sol est une excellente station d'épuration pour l'eau.

Eutrophisation : enrichissement excessif du sol ou de l'eau en azote et/ou en phosphore.

Réglementation : les riverains d'une mare communale peuvent y pomper de l'eau à condition d'en avoir reçu l'autorisation du maire, car il s'agit là d'un bien collectif.

Les eaux souterraines

L'eau de source

L'eau de source correspond à l'émergence d'une nappe ou à la résurgence d'une rivière souterraine.

Qualités et défauts : les eaux de source ont des caractéristiques très variables, mais il est rare qu'elles soient impropres à l'arrosage. On doit cependant se méfier des eaux ferrugineuses, qui peuvent donner mauvais goût à certains légumes, et des eaux saumâtres, toxiques pour certaines plantes sensibles à un excès de chlorures. Les **eaux dures** ou calcaires entartrent les installations d'arrosage. Elles sont déconseillées pour les potagers car elles sont réputées durcir les feuilles et diminuer la production. On reconnaît facilement une eau dure au fait qu'elle ne fait pas bien mousser le savon et produit des grumeaux. Elle laisse un dépôt blanchâtre de carbonate de calcium ou de magnésium dans la casserole où on l'a fait bouillir. Une eau douce, au contraire, rince mal le savon.

Eau dure : par opposition à l'eau douce, c'est une eau chargée en carbonate de calcium ou de magnésium. On parle le plus souvent d'eau calcaire. La dureté d'une eau s'exprime en degrés hydrotimétriques.

Source.

Réglementation : si l'on en croit l'article 522 du Code civil, « la propriété du sol emporte la propriété du dessus et du dessous », donc de l'eau se trouvant dans les profondeurs du terrain concerné. Toutefois, le droit de propriété sur l'eau souterraine se limite à l'eau captée et ne s'applique pas à l'ensemble de la nappe.
Une eau de source née sur une propriété est soumise aux mêmes dispositions que l'eau pluviale (voir p. 94). Le propriétaire est tenu de la laisser s'écouler vers la propriété située à l'aval. Si l'usage de l'eau ou la direction qui lui est donnée aggrave cette servitude naturelle d'écoulement (article 640 du Code civil), une indemnité est due au propriétaire du fonds inférieur. Le propriétaire a le droit d'user et de disposer de cette eau de source, « sauf dérogation conventionnelle ou par destination du père de famille ». L'article 642 du Code civil limite toutefois cet usage aux besoins de la propriété en question. Ainsi, le propriétaire de la source ne peut utiliser celle-ci au préjudice des propriétaires des fonds inférieurs qui, depuis trente ans au moins, ont créé des aménagements destinés à utiliser l'eau de la source (prescription trentenaire, qui s'applique de la même façon à un canal privé). Il ne peut pas davantage priver les habitants d'une commune, d'un village ou d'un hameau de l'eau qui leur est nécessaire, sauf indemnité. Notons que cette dernière restriction ne s'applique qu'aux eaux courantes, et pas aux eaux stagnantes ou souterraines. Elle ne profite pas aux habitants de maisons isolées.

Le propriétaire d'une source est soumis à certaines obligations.

Le propriétaire d'une source n'a pas le droit de la polluer au point de la rendre impropre à une utilisation domestique ou agricole par les propriétaires des fonds inférieurs. Il ne peut pas non plus en détourner le cours s'il s'agit d'« eaux publiques et courantes » (article 643 du Code civil). Ce caractère, apprécié par un juge, ne dépend pas particulièrement du débit. Il faut que la

Puisatier : professionnel dont la spécialité est le creusement des puits.
Sourcier : personne capable de détecter la présence de courants d'eau souterrains (et parfois même leurs débits) grâce à la radiesthésie.

source donne naissance à une rivière. Les eaux dormantes et celles des canaux ne sont pas concernées.

Si la présence d'une nappe est avérée, faites appel à une entreprise de forage (rubrique « Forages, sondages, construction de puits » dans les pages jaunes de l'annuaire du téléphone).
Si la géologie et l'hydrologie du secteur semblent complexes, faites appel à un sourcier avant de prendre rendez-vous avec le **puisatier**. L'art du **sourcier** est théoriquement à la portée de tous, mais, comme dans beaucoup d'autres domaines techniques, l'expérience et le savoir-faire comptent. Ce n'est pas non plus une science exacte…

Résurgence.

Faire monter l'eau avec l'énergie de l'eau : le bélier

Si l'on a la chance de disposer d'une chute d'eau, même petite (à partir de 60 cm), pourquoi ne pas utiliser son énergie hydraulique gratuite ? Le bélier est une machine simple qui transforme un débit d'eau (à partir de 1 l/mn) en impulsion pour élever une certaine quantité de liquide jusqu'à un réservoir situé en hauteur (de 3 mètres jusqu'à 80 mètres selon le débit de la source et la capacité du bélier).

Trouver de l'eau

- Renseignez-vous auprès du service régional du Bureau de recherches géologiques et minières (BRGM) sur la présence de nappes souterraines à l'endroit concerné.
- Faites-vous une idée par vous-même :

– y a-t-il des sources ou des puits dans le voisinage immédiat ? Si ce n'est pas le cas, la partie n'est pas perdue pour autant ;
– que dit la carte géologique au 1/50 000 ? Elle montre les affleurements imperméables, les sources connues, et la notice renseigne sur les nappes souterraines. Si la seule nappe répertoriée dans le secteur se situe à une grande profondeur, inutile d'insister. La carte topographique IGN au 1/25 000 indique les sources et suintements.

Dans le granite, les sources sont en général nombreuses mais insignifiantes. Dans tous les autres terrains imperméables, elles sont rares et très petites.

- Voici quelques situations où l'eau est souvent présente à faible profondeur :

– le centre du pli le plus profond d'un plateau ;
– le centre de l'espèce de cirque à parois escarpées qui est à l'origine d'un vallon et où commence le thalweg de celui-ci ;
– le fond de tout angle rentrant et à parois escarpées d'une vallée ;
– le point où un vallon dépourvu de cours d'eau débouche dans une vallée plus importante parcourue par une rivière ou un ruisseau apparent ;
– le fond d'une vallée où coule un cours d'eau. Celui-ci est le plus souvent accompagné d'une nappe alluviale ;
– la ligne d'affleurement d'une couche imperméable sur le flanc d'un coteau ;
– le point d'un versant de montagne où commence une dépression du sol qui descend jusqu'au pied de ce versant.

Renseignez-vous auprès du service régional du Bureau de recherches géologiques et minières (BRGM) sur la présence de nappes souterraines à l'endroit concerné.

Vieux puits dans le Languedoc.

L'eau de puits

Un puits donne accès à la nappe d'eau souterraine située à la verticale d'un point. Autrefois, on puisait l'eau à l'aide d'un seau, d'une corde et d'une poulie, ou – système plus perfectionné – d'une noria (godets portés par une chaîne). Maintenant, on préfère utiliser une pompe électrique et des tuyaux. De ce fait, on ne creuse plus de puits ; on se contente de forages. Il n'y aurait plus, en France, qu'une cinquantaine de puisatiers professionnels spécialisés dans le creusement des puits.

Les puits, autrefois, étaient revêtus d'un mur en pierres liées avec un mortier de chaux édifié sur un disque en bois de chêne – le rouet – percé d'un trou circulaire du diamètre du puits et disposé au fond du trou. En tant qu'éléments de notre « petit patrimoine bâti », ils méritent d'être entretenus, restaurés et valorisés.

Attention : il est dangereux de descendre dans un puits, car l'oxygène peut manquer au fond. Autrefois, on vérifiait que l'atmosphère était respirable en faisant descendre au bout d'une corde une chandelle allumée. Si elle s'éteignait, il fallait alors allumer un feu à l'entrée du puits. L'ascendance ainsi créée provoquait le renouvellement de l'air. Par ailleurs, l'ouverture d'un puits doit être sécurisée à l'aide d'une grille, d'un couvercle ou d'une porte en métal ou en bois, verrouillée avec un cadenas.

Qualités et défauts : voir « L'eau de source » p. 86. Ajoutons qu'il existe près des côtes des nappes légèrement saumâtres, du fait de la progression de l'eau salée suite à des prélèvements excessifs d'eau douce. L'eau chargée en sel est plus ou moins bien supportée par les différentes espèces végétales. Le haricot, par exemple, est très sensible au chlorure de sodium, à la différence des choux ou de l'artichaut.

Réglementation : chacun a le droit « de disposer librement des eaux de source et souterraines de son fonds, si elles ne constituent pas des eaux courantes » (article 641 du Code civil), et donc de creuser un puits. Les prélèvements domestiques (moins de 1 000 m^3/an) échappent au régime de déclaration ou d'autorisation. Toutefois, il faut déclarer en préfecture tout ouvrage souterrain ayant plus de 10 mètres de profondeur (article L. 301 du Code minier). Pour des raisons sanitaires, toute interconnexion entre une ressource privée et le réseau public d'adduction d'eau destinée à la consommation humaine est interdite.

L'eau de pluie contient souvent des débris végétaux, animaux ou minéraux : elle ne peut donc pas être utilisée comme une eau potable.

L'eau de pluie

Utiliser de l'eau de pluie, c'est adopter une attitude « écocitoyenne », donc de citoyen conscient des problèmes écologiques. C'est d'abord ne pas évacuer, éventuellement en la salissant au passage, une eau qui constituait autrefois une ressource fort appréciée et qui a tout lieu de l'être à nouveau. C'est aussi contribuer à épargner les réserves d'eau, parfois mises à mal lors des épisodes de sécheresse. C'est épargner l'eau potable.

Économies pour la collectivité

La récupération de l'eau de pluie dans une zone urbaine permet de délester le réseau d'eaux pluviales en cas de gros orage.

Utiliser l'eau de pluie, c'est également contribuer à résoudre les problèmes posés lorsqu'elle ruisselle. En la stockant dans une citerne, on évite qu'elle aille inonder la chaussée voisine ou encombrer le réseau de collecte des eaux usées, lorsque celui-ci est « unitaire » (eaux usées et pluviales collectées par le même réseau). En retenant l'eau au niveau de chaque parcelle, on fait faire des économies à la collectivité, donc à nous-même. En effet, la loi sur l'eau oblige, pour les nouveaux lotissements, à prévoir la rétention de l'eau de pluie sur chaque parcelle ou le surdimensionnement du réseau de collecte, la première solution se révélant moins coûteuse à l'investissement.

Économies pour soi-même

Enfin, utiliser de l'eau de pluie, c'est gagner un peu d'autonomie et faire soi même des économies. En effet, l'eau potable coûte de plus en plus cher, et on peut se demander s'il est raisonnable de payer au prix fort l'eau qui sert à alimenter les toilettes, arroser le jardin ou laver la voiture. Chaque année, une famille possédant un petit jardin (à peu près 200 m² à l'arrosage) pourrait économiser la totalité de ce qu'elle paye pour l'eau d'arrosage (soit 200 euros environ) en utilisant l'eau de pluie.

La récupération de l'eau de pluie est une pratique fort ancienne qui ne s'est pas totalement perdue. Ce vieux réflexe d'économie est même encouragé, depuis peu, par certaines communes pionnières comme celle de Lorient. La ville subventionne l'achat de citernes de 500 litres. Un millier de Lorientais ont bénéficié de cette aide. Outre l'économie de la ressource, cette opération a l'avantage de délester le réseau d'eaux pluviales en cas de gros orage.

Une valorisation à plus grande échelle est même possible pour les terrains de sport, les aéroports, les serres, les centres équestres, les bâtiments d'élevage, les golfs, les piscines, les patinoires et autres installations grosses consommatrices d'eau.

Chaque année, une famille possédant un petit jardin (à peu près 200 m² à l'arrosage) pourrait économiser la totalité de ce qu'elle paye pour l'eau d'arrosage (soit 200 euros environ) en utilisant l'eau de pluie.

Qualités et défauts : l'eau de pluie n'est pas épargnée par la pollution (voir p. 122). Elle a été en contact avec des surfaces pouvant être polluées et contient donc souvent des débris végétaux, animaux ou minéraux, des micro-organismes, des métaux (zinc issu des gouttières, par exemple) et différents aérosols provenant de l'atmosphère. Même filtrée, elle ne peut donc être employée que pour les usages qui ne réclament pas une eau potable : l'alimentation des toilettes et du lave-linge, le remplissage du bassin, les nettoyages extérieurs et, bien sûr, l'arrosage du jardin. La légère pollution dont peut souffrir l'eau de pluie n'est pas gênante pour ces utilisations.

Même filtrée, l'eau de pluie ne peut être employée que pour les usages qui ne réclament pas une eau potable.

La pollution réelle de l'eau de pluie recueillie sur une toiture varie avec la nature de celle-ci (pente, nature chimique des matériaux) et le degré de pollution atmosphérique. Un air pollué est très acide et attaque les parties métalliques, libérant des métaux toxiques. Si les toits terrasses, les ardoises et les tuiles génèrent peu de particules polluantes, le goudron, le ciment et plus encore le zinc enrichissent l'eau en hydrocarbures pour le premier, en métaux pour les deux autres. L'arrosage s'ajoute ainsi inévitablement aux autres sources de pollution du jardin. Apportés par l'eau d'arrosage, mais aussi par l'atmosphère et les engrais, hydrocarbures et métaux s'accumulent à la longue dans le sol du jardin. Cette pollution ne peut toutefois devenir préoccupante que dans des situations particulières (zones industrielles anciennes, notamment) où les sols sont déjà très contaminés.
Les bardeaux de bois peuvent, au début, libérer dans l'eau qui circule à leur contact des tannins et polyphénols de la même nature que ceux contenus dans les feuilles mortes. Ces composés sont réputés avoir un effet antibactérien défavorable à la vie du sol, mais heureusement très fugace.
Comparée aux eaux ayant été en contact avec des roches, l'eau de pluie est à l'origine acide (pH proche de 6 là où l'air est pur, de 5 ou même de 4 dans les régions polluées) et peu minéralisée. Elle n'entartre pas les installations d'arrosage, mais peut se révéler agressive pour les parties métalliques. Notons qu'elle est neutralisée (pH de 7 à 8) lorsqu'elle circule sur une toiture en fibrociment, en tuiles de béton ou en zinc, ou par un stockage dans une citerne en béton.
L'eau de pluie est initialement aérée et tempérée, qualités qu'elle perd dans une citerne enterrée.

Réglementation : tout propriétaire a le droit d'user et de disposer des eaux pluviales qui tombent sur son fonds (article 641 du Code civil), notamment pour former une mare ou un étang, ou alimenter un réservoir. Il peut également (article 640) les laisser s'écouler librement sur le fonds inférieur. Toutefois, une indemnité est due au propriétaire du fonds inférieur si l'usage de ces eaux pluviales ou la direction qui leur est donnée aggrave la servitude naturelle d'écoulement.
L'eau de pluie n'est pas considérée comme une eau potable. Quant à savoir exactement ce qu'on a le droit

Système de récupération de l'eau de pluie sur une cabane au centre écologique Terre vivante (Mens, Isère).

de faire ou non avec cette eau – laver le linge, alimenter les toilettes, par exemple –, c'est le flou absolu. Les textes réglementaires ne sont pas explicites, et les directions départementales des Affaires sanitaires et sociales ne sont pas toutes alignées sur la même position. Mais on peut être sûr de pouvoir en toute légalité arroser avec l'eau recueillie sur sa toiture. Le Code de la santé ne prévoit pas de dispositions particulières en ce qui concerne les eaux d'arrosage.

Volumes d'eau à récupérer

L'eau de pluie que l'on peut récupérer est celle tombant sur les toitures et s'écoulant dans les gouttières. Le volume se calcule aisément en multipliant la hauteur d'eau tombant pendant une période donnée – par exemple une année – sur la zone concernée (voir p. 142) par la surface au sol des bâtiments. Compte tenu des pertes diverses – notamment par évaporation –, il faut retrancher à ce chiffre 10 % de sa valeur.

Exemple : admettons qu'il tombe en moyenne 800 mm (0,80 m) d'eau chaque année. Si la maison occupe 100 m² au sol, il tombe sur la toiture en moyenne : 100 x 0,80 = 80 m³ d'eau. Une fois retranchés les 10 %, soit 8 m³, on peut récupérer théoriquement 72 m³ d'eau sur une année. Ce volume permet de remplir une cinquantaine d'arrosoirs par jour pendant toute la belle saison, soit plus qu'il n'en faut pour un jardin ordinaire.

L'installation la plus simple

Tout jardin, pour être digne de ce nom, doit posséder sa réserve d'eau, simple fût recueillant l'eau de pluie, bac ou véritable citerne. S'il ne coûte rien, le fût récupéré n'offre qu'une autonomie limitée, pour l'arrosage du jardin à l'arrosoir.

Pour une installation un peu plus élaborée, on trouve des cuves extérieures (225 litres et plus) munies d'un robinet, d'un socle et d'un couvercle équipé d'un réceptacle de gouttière simple pour une cinquantaine d'euros. Pour

40 euros environ, on peut ajouter au dispositif un système de récupération à adapter sur la descente de gouttière en vue d'alimenter une cuve d'extérieur de capacité petite à moyenne (jusqu'à 1 000 litres). Les modèles les plus perfectionnés comportent un filtre, un couvercle (utile pour éviter l'intrusion des feuilles mortes et des moustiques) et un trop-plein.
Le coût total d'une telle configuration atteint 200 à 270 euros. Une réserve d'eau de 1 000 litres permet de « tenir » la semaine en été avec un jardin moyen.
Pour pouvoir arroser au jet ou avec des arroseurs, il faut une installation un peu plus élaborée se composant d'une citerne (le plus souvent en polyéthylène) de volume plus ou moins important équipée d'une pompe mobile dite « d'arrosage » (voir p. 72) donnant une pression suffisante. Le poste pompe augmente le budget de 150 à 200 euros, davantage avec une pompe thermique. Au prix de l'eau potable, le coût est amorti en trois ans environ.

Citerne de surface.

Les citernes extérieures ne sont malheureusement pas très esthétiques, et il faut chercher à les masquer, par exemple à l'aide de végétaux ou de canisses. D'autre part, exposées au gel, elles doivent être vidangées (et si possible entreposées à l'abri pour une plus longue durée de vie) à l'entrée de l'hiver, ce qui prive d'une partie du volume d'eau récupérable. Cependant, dans les régions où les précipitations sont bien réparties dans l'année (voir p. 144), si l'on vidange le réservoir début décembre jusqu'à début mars pour le mettre hors gel, on bénéficie malgré tout de près des trois quarts des précipitations annuelles totales. C'est largement suffisant compte tenu de la capacité des citernes d'extérieur.

À GAUCHE Système complet de récupération de l'eau de pluie pour l'arrosage.
À DROITE Récupérateur d'eau de pluie.

Remettre en service une citerne ancienne

De nombreuses maisons de campagne sont pourvues d'une citerne collectant les eaux de toiture. Malheureusement, certaines d'entre elles ont été bouchées, voire transformées en fosse d'aisance au mépris des principes élémentaires d'hygiène et d'économie.

Pour remettre en service une citerne :

– vérifiez qu'elle ne fuit pas en surveillant le niveau pendant une période de temps sec et alors qu'elle est pleine ;

– jaugez sa profondeur à l'aide d'une perche ou d'une ficelle lestée, et estimez sa surface, ce qui vous permettra de calculer sa contenance ;

– éventuellement, vidangez-la afin de pouvoir la réparer et/ou nettoyer le fond. Si la citerne est en briques protégées par un enduit épais, la restauration peut être menée à bien par un maçon.

Citerne enterrée traditionnelle.

Eau sanitaire et eau d'arrosage

L'eau de pluie peut assurer l'alimentation des toilettes, du lave-linge et d'un robinet extérieur (arrosage, lavage de la voiture, etc.) grâce à un second circuit composé d'un filtre, d'un gros réservoir, d'une pompe fixe et de canalisations. L'investissement est alors relativement important, mais il peut s'amortir en quelques années. Les travaux de plomberie – relativement simples – peuvent être réalisés par un bon bricoleur. Les réalisations de ce type, relativement nombreuses en Allemagne et en Belgique, sont encore peu courantes en France. Certaines comprennent même des systèmes d'ultrafiltration et de potabilisation.

Le réservoir – de gros volume – sera placé en sous-sol si l'installation se fait lors de la construction de la maison, ou bien enterré à proximité. Son volume est calculé sur la base des besoins journaliers de la maisonnée en matière d'eau pour les WC, la lessive et l'arrosage, en prévoyant une autonomie de trois semaines pour faire face aux périodes de sécheresse.

Exemple pour une maisonnée de quatre personnes et un jardin de 100 m^2 à arroser.
Besoins quotidiens pour les WC et la lessive : 250 litres.
Besoins quotidiens du jardin en été : 300 litres.
Besoins quotidiens totaux en été : 550 litres.
Pour une autonomie de 3 semaines, le volume de la réserve doit donc être de 11 550 litres, soit un peu plus de 11,5 m^3.

Il est indispensable de prévoir une alimentation du circuit en eau potable, pour le cas où la réserve d'eau de pluie serait momentanément insuffisante. Mais il y a aussi les périodes où il pleut beaucoup. La capacité minimale à prévoir est de 5 000 litres, et on peut aller jusqu'à 15 000 litres si l'on veut récupérer toute l'eau disponible.

Il est possible de jumeler des réservoirs pour augmenter la capacité de stockage.
Une telle installation revient à moins de 4 000 euros TTC, y compris le terrassement et la pose. Sa durée d'amortissement est de l'ordre d'une dizaine d'années, soit bien moins que sa durée de vie.
En ce qui concerne la citerne, le béton est moins cher (départ usine) et plus résistant que le plastique, et il présente l'avantage supplémentaire de neutraliser partiellement l'eau de pluie, qui est toujours légèrement acide. Son inconvénient est d'être très lourd, et donc coûteux au transport et à la mise en place.

A WC
B Lave-linge
C Nettoyage et arrosage

Installation complète de récupération de l'eau de pluie

Précautions et contre-indications

Aucune confusion ni communication ne doit être possible entre l'alimentation en eau potable et celle en eau de pluie. Veillez donc à ce que le circuit d'eau de pluie soit bien repéré, conformément à la norme DIN et à la réglementation sur l'eau potable. Signalez-le sur l'acte de vente lors de la cession de la maison.

Afin de garantir la qualité de l'eau de pluie récupérée, nettoyez les gouttières et la citerne au moins une fois par an.

Placez des crépines et des filtres en amont de la citerne de façon à capter les débris divers, insectes, etc.

Contre-indications à une utilisation sanitaire de l'eau de pluie : toiture en amiante-ciment (les particules d'amiante, potentiellement cancérogènes, peuvent se retrouver dans le linge, et passer dans l'air puis dans… les poumons) ou en feutre bitumineux (qui donnent une eau jaunâtre).

Différents matériels de récupération de l'eau de pluie.

7 bons gestes pour économiser l'eau

1. Jardinières et potées : adoptez des plantes sobres et plantez-les dans un terreau comportant de l'argile (pour une meilleure rétention d'eau).
2. Paillez (ou bien binez régulièrement) le sol en été pour limiter les pertes d'eau par évaporation.
3. Choisissez des arbres, arbustes et plantes vivaces adaptés au climat du lieu et pouvant se passer d'arrosages une fois bien installés (à partir de la deuxième année pour les vivaces, de la troisième pour les arbres et arbustes).
4. Pour l'arrosage, remplacez le jet et l'asperseur par l'arrosoir et/ou le goutte-à-goutte.
5. Veillez à ce que l'ensemble des eaux pluviales puisse s'infiltrer ou être stocké (mare, citerne) dans le jardin.
6. Branchez-vous sur l'eau du ciel ! Récupérez l'eau de pluie captée par vos toitures au moyen d'une citerne ou d'un réservoir et servez-vous en pour l'arrosage.
7. Objectif « zéro arrosage » : dès que l'occasion se présente, réaménagez votre jardin en remplaçant des espaces gourmands en eau (massifs, pelouses) par des espaces sobres (rocaille, arbustes, mare...).

seconde partie

L'eau dans **l'environnement**

Le cycle de l'eau

Le sol ne bouge pas. La végétation bouge lentement. L'eau, elle, bouge, et rapidement. Elle tombe du ciel, la terre se détrempe, un coup de soleil et la sécheresse s'installe jusqu'à la prochaine pluie. On arrose, ou bien on patauge dans la boue. Et tout cela se produit cycliquement, indéfiniment… La nature aurait-elle, avec l'eau, inventé le mouvement perpétuel ? On pourrait le croire, sauf que… Dans tout mouvement, dans tout cycle, c'est une loi de la physique, il faut une source d'énergie. Le grand moteur du cycle de l'eau, on l'aura deviné, c'est le soleil, grâce à l'énergie colossale qu'il envoie sur la planète Terre à chaque instant.

Résumons : comme dans un moteur de mobylette, il y a deux temps. Premier temps : la chaleur du soleil évapore l'eau présente à la surface du globe. Second temps : la vapeur se condense et retombe sur le sol. Et ainsi de suite. Tant que le soleil brillera, il en sera ainsi. C'est le cycle de l'eau.

L'eau bouge beaucoup sur la planète.

Une image d'Épinal

Tout le monde a déjà vu représenté le cycle de l'eau, un grand classique de l'école. Rappelons-nous : les montagnes enneigées en haut à gauche sur le dessin, coiffées de nuages libérant leur eau sous forme de précipitations, puis le torrent serpentant jusqu'à la plaine lointaine, se transformant peu à peu en fleuve avant de se jeter dans l'océan, d'où l'eau s'évapore pour former les nuages… Cette image d'Épinal n'est pas fausse. Elle est juste réductrice : l'eau ne s'évapore pas que sur les mers, et ne tombe pas en pluie que sur les montagnes ! En fait, le moindre cours d'eau ou plan d'eau produit de la vapeur d'eau, et le moindre relief ou la moindre zone boisée suffit à provoquer la pluie. Le cycle de l'eau peut s'accomplir sur quelques kilomètres seulement, à l'échelle d'un petit **bassin versant**.

Bassin versant : unité géographique délimitée par une ligne de partage des eaux et dans laquelle toutes les eaux convergent vers le point le plus bas appelé « exutoire » en suivant les thalwegs.

L'image d'Épinal du cycle de l'eau

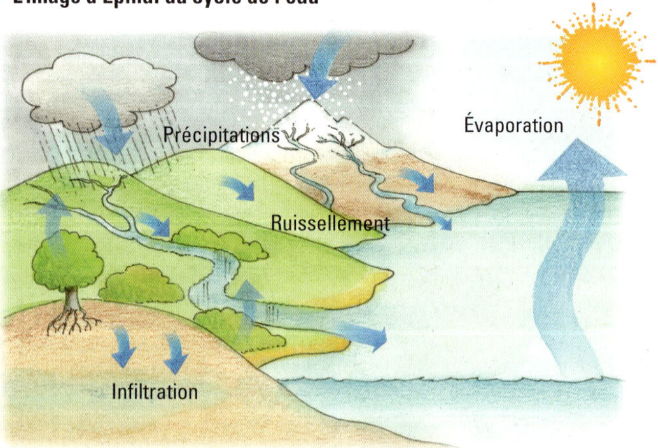

Source : R. Bichac/CNRS.

Le cheminement de l'eau

Évaporation et condensation

Voici pourquoi, en dépit de l'apport constant des fleuves, les océans ne débordent pas : le volume d'eau s'évaporant chaque jour des océans s'élèverait à environ 1 000 kilomètres cubes ! Sous l'action des basses températures rencontrées dans l'atmosphère – du fait d'un changement d'altitude, par exemple – cette vapeur d'eau se condense en nuages, parfois même constitués de cristaux de glace pour ceux de haute altitude, comme les cirrostratus. Lorsque les gouttes ou les cristaux constituant les nuages deviennent suffisamment gros et lourds, ils tombent en pluie, en grêle, en verglas ou en neige. N'oublions pas la rosée, produit de la condensation de la vapeur d'eau contenue dans la basse atmosphère au contact de corps plus froids : dans les régions désertiques, on parvient à recueillir de l'eau grâce à des « puits de rosée », qui sont de simples tas de pierres. Ces pierres se refroidissent – en perdant leur chaleur par

Un cycle de l'eau plus conforme à la réalité

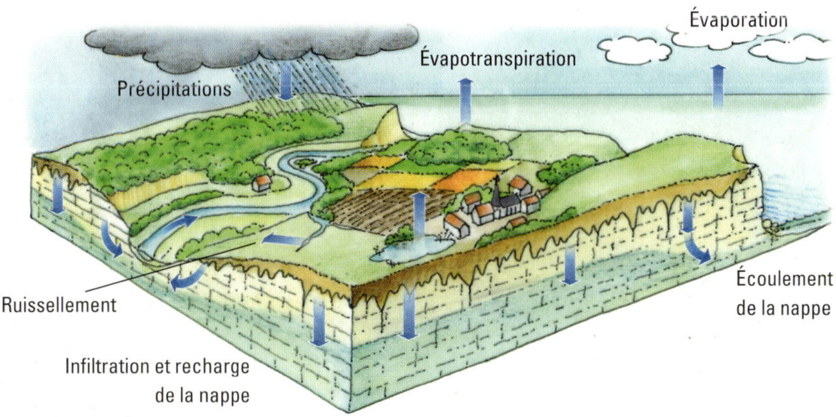

Type de pluie et diamètre des gouttes

Brouillard	**0,006 mm**
Bruine	**0,06 à 0,6 mm**
Ondée	**0,6 à 3 mm**
Averse	**3 à 6 mm**

rayonnement – beaucoup plus que l'air ambiant. Suite à un processus analogue, on observe souvent qu'il pleut sous les arbres par temps de brouillard. Par brouillard épais, il tombe 10 à 15 mm d'eau par jour sous un arbre, contre 5 à 10 mm en terrain découvert, car l'arbre offre à la condensation une surface de contact importante.

Infiltration, nappes, sources

Nappe phréatique : nappe d'eau souterraine.

Si le terrain est perméable, l'eau de condensation (pluie, rosée ou autre) s'infiltre, humectant des couches de plus en plus profondes. Elle descend par gravité, utilisant les pores et les fissures, jusqu'à rencontrer une couche de roche imperméable (argile, par exemple). Cela peut prendre des mois, voire des années. L'eau s'accumule en **nappe**. On estime à 300 mm par an la lame d'eau moyenne qui s'infiltre jusqu'aux nappes, en France, soit entre le quart et la moitié de ce qui tombe. Cela représente 10 litres par seconde et par kilomètre carré.

Le niveau des nappes d'eau souterraines varie sans cesse en fonction d'un équilibre dynamique qui s'instaure entre la recharge par l'infiltration de l'eau de pluie et la

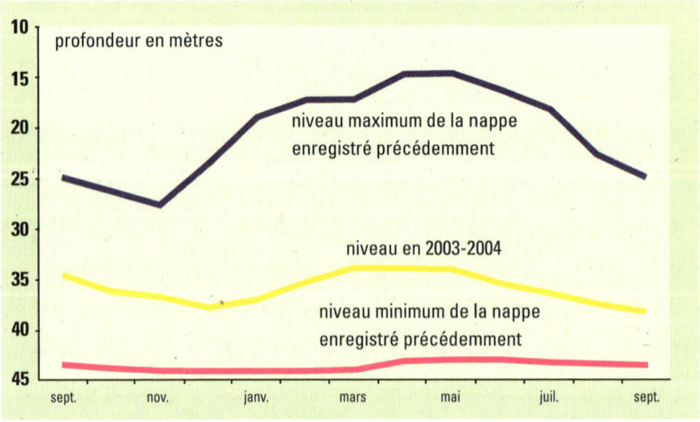

Variations du niveau d'une nappe souterraine sur une année : cas de la nappe de la craie, aquifère le plus important du Bassin parisien, situé dans l'épaisse assise de craie (Rocquemont, Seine-Maritime).
Bureau de recherches géologiques et minières / Service géologique régional de Haute-Normandie.

Une nappe d'eau souterraine

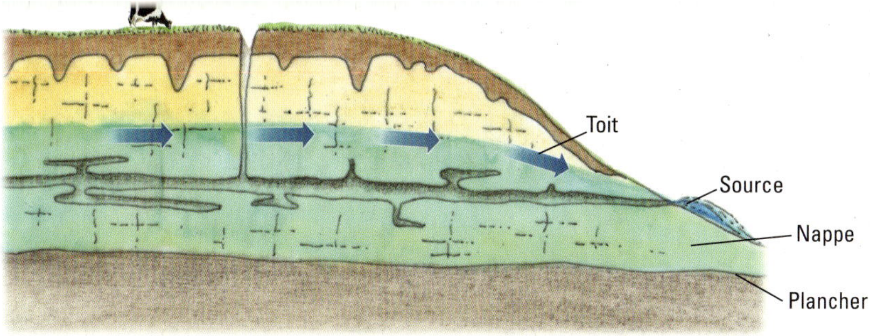

vidange au niveau des sources. On observe ainsi généralement un **étiage** automnal (basses eaux), suite à un déficit d'infiltration en été, puis des hautes eaux au printemps, après les précipitations intenses de l'hiver.
En fonction de la pente du « plancher » sur lequel repose la nappe, et de l'éventuelle présence de cavités, l'eau souterraine circule. Là où les couches de roche ont été déblayées par l'érosion – notamment au niveau des vallées – l'eau des nappes souterraines apparaît en surface. Dans le cas de terrains sédimentaires en couches superposées, les sources sont disposées sur une ligne presque horizontale qui correspond à l'affleurement du niveau imperméable.

Évapotranspiration, végétation

S'il y a un couvert végétal, les racines absorbent une partie de l'eau du sol pour les besoins des plantes. Cette eau finit par être transpirée au niveau des feuilles. Retour dans l'atmosphère. L'« **évapotranspiration** » correspond à l'addition de l'évaporation purement physique et de la transpiration des êtres vivants sur une surface donnée. Elle réduit la quantité d'eau s'infiltrant vers la nappe. En

Étiage : le plus bas niveau enregistré pour un cours d'eau ou une nappe souterraine.
Évapotranspiration : concept employé par les agronomes et les climatologues, correspond à l'addition de l'évaporation purement physique et de la transpiration des êtres vivants sur une surface donnée.

été, elle reprend même la totalité de l'eau qui a pénétré dans le sol ; la nappe ne peut être alimentée que pendant les mois d'hiver.

Les plantes de milieu humide transpirent des quantités d'eau plus importantes que celles des milieux secs.

Les quantités d'eau « évapotranspirées » varient, bien sûr, selon la nature de la couverture végétale, les plantes de milieux humides transpirant des volumes bien plus importants que celles de milieux secs. Un arbre bien alimenté en eau peut transpirer 100 litres d'eau par jour, et jusqu'au double pour certains résineux bien développés.

Si le climat fait la végétation, la végétation fait aussi le climat. Des études récentes menées en Israël et en France, dans la Crau, plaine du bas Rhône, montrent que le fait même d'irriguer une région sèche, en provoquant

Hauteur d'eau équivalente à la transpiration totale pendant une année (ou un cycle de culture)

Forêt de pins sylvestres	160-310 mm
Prairie sèche	200 mm
Forêt de hêtres	230-460 mm
Forêt d'épicéas	250-520 mm
Forêt de mélèzes	290-680 mm
Prairie fraîche à avoine élevée	320 mm
Orge	344-700 mm
Forêt de bouleaux	350-560 mm
Blé	366-760 mm
Canne à sucre	408-956 mm
Agrumes, coton	500-600 mm
Betterave	700-900 mm
Luzerne	823-914 mm
Saule, aulne, érable	1 200-1 500 mm
Papyrus	1 330 mm

NB : Un jardin se classerait entre le champ de betteraves (le potager), la forêt de hêtres ou de bouleaux (les arbres et arbustes) et la prairie fraîche (la pelouse).

une évaporation supplémentaire, peut changer le climat local. Les pluies par convection deviennent plus importantes et l'amplitude diurne des températures diminue. Le reverdissement des déserts n'est donc pas un mythe !

Si le climat fait la végétation, la végétation contribue aussi à la formation du climat.

Ruissellement et infiltration

Si le terrain est imperméable, ou insuffisamment perméable compte tenu des quantités d'eau qui tombent, l'eau ruisselle, entraînant dans sa course des particules de sol ou de roche arrachées par l'érosion. L'eau, plus ou moins **turbide**, s'écoule dans les **thalwegs**, suivant la plus forte pente, et finit par rejoindre les cours d'eau, les plans d'eau ou la mer. Une partie connaît une infiltration rapide par engouffrement dans des cavités naturelles (**bétoires, karst**...) et rejoint la nappe sans avoir pu être filtrée.

Turbide : trouble (à propos de l'eau).
Thalweg : ligne de plus grande pente parcourue par les eaux au fond d'une vallée.
Bétoires, karst : cavités naturelles s'ouvrant à la surface du sol, notamment dans les terrains calcaires.

L'homme joue un rôle important dans ce phénomène, car c'est lui qui décide de l'occupation du sol : type d'agriculture, forêt, urbanisation... Une prairie permet l'infiltration de 80 % de l'eau qu'elle reçoit, et une forêt jusqu'à 100 % de l'eau qui atteint le sol, alors qu'un parking asphalté n'infiltre rien et produit donc 100 % de ruissellement. Dans le premier cas, le sol agit en régulateur du cycle de l'eau, dans le second, il accélère ce cycle, avec les

À GAUCHE Ruissellement dans un thalweg.
À DROITE Infiltration rapide dans une bétoire.

conséquences négatives que l'on connaît dans de nombreuses régions : érosion des terres agricoles, inondations par « coulées boueuses », turbidité rendant l'eau potable impropre à la consommation… Un jardin se situe à l'évidence du côté des surfaces régulatrices qui infiltrent l'eau, notamment s'il est arrosé avec l'eau recueillie sur les toitures. Normalement, pas une goutte d'eau ne devrait sortir d'un jardin par ruissellement, et un terrain bien géré devrait pouvoir être déconnecté du réseau communal d'assainissement pluvial. Ce réseau est là pour pallier l'insuffisance de l'infiltration et éviter que la voirie et les maisons ne soient inondées lors des fortes pluies. Mais il connaît des limites lorsqu'il se contente d'évacuer

En décidant de l'occupation du sol, l'homme joue un rôle important dans les phénomènes de ruissellement.

La forêt et le cycle de l'eau

Jacques Lavabre, chercheur au Cemagref [1] d'Aix-en-Provence, nous apprend que la forêt a un impact particulier sur le cycle de l'eau. En gros, les sols forestiers, riches en humus, traversés de racines vivantes ou pourrissantes, fonctionnent comme une énorme éponge. Et cela même si les arbres soustraient une partie des précipitations du bilan **hydrologique** par évaporation (l'eau qui les mouille) et transpiration (l'eau qu'ils rejettent sous forme de vapeur). En moyenne, 70 % seulement de la pluie atteint le sol. Le reste est retenu par le feuillage, qui représente une surface de 3 à 10 m² par mètre carré au sol. Mais comme l'eau est stockée efficacement dans le sol, elle permet d'assurer dans une certaine mesure la recharge des nappes souterraines lors de la saison sèche, qui elles-mêmes alimentent les cours d'eau. De plus, le couvert forestier favorise l'infiltration et prévient le ruissellement – du moins si les événements pluvieux ne sont pas trop intenses. Or, l'eau qui ruisselle est en grande partie perdue pour les nappes.

1. Institut de recherche pour l'ingénierie de l'agriculture et de l'environnement.

Hydrologique : relatif à l'eau ou à l'hydrologie (science des eaux).

les eaux le plus vite possible vers l'aval au risque d'y aggraver les problèmes.

Favoriser l'infiltration au détriment du ruissellement est un vieux principe de l'**hydraulique**. On comprendra que plus cette infiltration est forte, plus les nappes seront puissantes, et plus les sources seront nombreuses et généreuses. Cette loi naturelle n'avait pas échappé à nos ancêtres les plus éclairés, et il est évident que la manière dont ils ont peu à peu aménagé la campagne française s'en inspirait : le fossé, la haie, le talus, la mare retiennent l'eau de ruissellement et favorisent son infiltration. L'établissement d'un bocage, la plantation d'arbres, la préservation de forêts sur les pentes sont des actes à fort impact sur le cycle de l'eau à l'échelle locale. Cette dimension a, hélas, disparu de l'aménagement du territoire. Elle tend toutefois à réapparaître

Hydraulique : science qui fait partie de la mécanique des fluides, mais aussi ensemble des techniques mettant en œuvre des liquides sous pression, ou bien ensemble des techniques d'exploitation et de régularisation des flux d'eau.

Place de l'eau du sol dans le cycle de l'eau

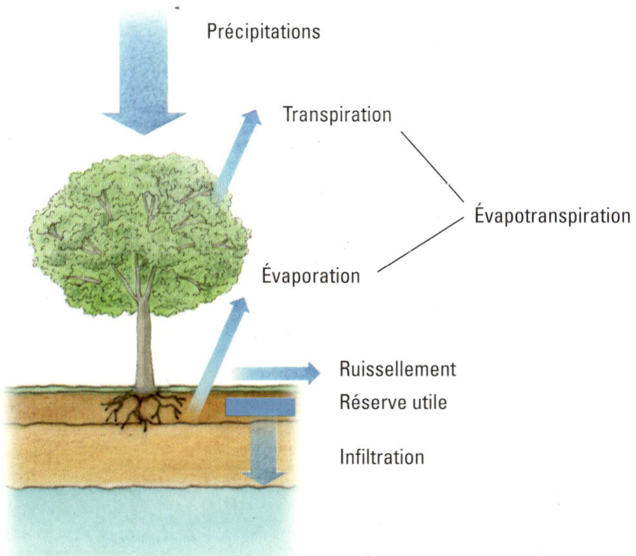

Le bocage a, entre autres, une fonction hydraulique.

Les pratiques agricoles qui ne respectent pas la vie du sol contribuent à l'aggravation du ruissellement au détriment de l'infiltration.

dans l'hydraulique dite « douce » pratiquée dans un petit nombre d'exploitations agricoles et de lotissements, ainsi que sur certaines voiries. Il s'agit ni plus ni moins de redonner de l'importance au végétal et aux petites infrastructures pour la régulation des eaux pluviales.

La vie du sol, représentée par d'innombrables bactéries, champignons, insectes, myriapodes, vers, etc., est également un facteur important de la régulation des flux hydrauliques. Bien présente en forêt et dans les milieux naturels, elle est mise à mal par certaines pratiques agricoles comme les labours profonds ou les traitements phytosanitaires. Marcel Bouché, spécialiste des lombrics, va jusqu'à dire que la quasi-disparition des vers de terre dans les sols de vignes du Midi, architraités, serait un facteur de l'aggravation des inondations. Une population moyenne de vers de terre permet l'écoulement de 160 mm d'eau par heure à travers ses galeries, soit l'équivalent d'un orage exceptionnel.

Le jardin dans le cycle de l'eau

L'eau de la planète passe dans chaque jardin ! L'eau de pluie y tombe, avant de s'infiltrer ou d'être évaporée par les plantes. À moins qu'elle ne ruisselle jusqu'à la mare, où elle séjournera jusqu'à ce qu'elle s'en échappe par la voie des airs. Captée par une toiture, elle gagne instantanément cette sorte de nappe souterraine qu'est la citerne. Si l'eau d'arrosage est tirée d'un vrai puits, c'est la vraie nappe qui est sollicitée. Si elle coule du robinet, c'est le réseau d'eau potable. Tout le cycle de l'eau est là !

Nous ne nous attarderons pas ici sur le puits et la citerne, le rôle du sol et de la végétation, objets de chapitres entiers du présent livre. En revanche, c'est bien là qu'il faut dire tout le bien qu'on pense de la petite mare de jardin.

La mare s'intègre dans le cycle de l'eau en tant qu'élément du jardin.

La mare de jardin

La mare est une véritable « infrastructure écologique » liée au cycle de l'eau. Les volumes d'eau qu'elle retient ne sont pas négligeables, d'autant qu'il y a un renouvelle-

Quasi indispensable : la mare de jardin.

ment du fait de l'évaporation qui enlève 1 cm d'eau par jour en moyenne. Mais on peut attendre de la mare bien d'autres bénéfices, ce qui la rend quasi indispensable :

– agrément : convenablement « végétalisée », une mare de jardin est largement aussi intéressante qu'un massif de fleurs ou, *a fortiori*, que la même surface de pelouse ;

– biodiversité : un plan d'eau, même petit, joue un rôle essentiel pour la reproduction d'innombrables animaux aquatiques comme les batraciens (crapauds, grenouilles, tritons, libellules, dytiques, notonectes, mollusques…). Dans un contexte de régression générale des zones humides, il s'intègre de fait dans un réseau (ou « semis », par analogie avec des graines semées à la volée) de sites, dont la densité est une des clés de la survie de la nature dite « ordinaire » et pourtant menacée. Des mares suffisamment proches les unes des autres entretiennent des échanges biologiques insoupçonnés mais vitaux ;

Mare de captage des eaux pluviales d'un lotissement.

– éducation des enfants : la vie du petit écosystème constitué par la mare de jardin est passionnante et facile à observer.

Conserver à la mare toutes ses fonctionnalités

Comme tout milieu naturel, la mare évolue. Sa tendance est le comblement progressif, appelé par les spécialistes « atterrissement ». Les végétaux aquatiques, en se décomposant, forment de la vase qui s'accumule au fond. Pour contrecarrer ce phénomène, et conserver à la mare toutes ses fonctionnalités, il n'y a qu'une solution : chaque année, à l'automne, enlever une bonne partie de la végétation qui s'est développée au cours de la belle saison et recycler toute cette biomasse végétale avec les autres déchets du jardin dans le tas de compost. Outils à prévoir : sécateur et râteau.

- Si la mare est sérieusement envasée, il faut songer à la curer, après l'avoir vidangée. La vase retirée peut, elle aussi, être incorporée au tas de compost, car c'est un bon engrais. L'idéal serait d'étaler le curage sur deux ou trois automnes successifs afin d'éviter de traumatiser la vie aquatique.
- Si l'eau de la mare est trouble, c'est que des algues microscopiques prolifèrent du fait d'un enrichissement excessif en éléments nutritifs mais aussi d'un éclairement et d'un réchauffement trop importants. Le premier remède consiste à introduire des plantes aquatiques : plantes immergées pour l'oxygénation, plantes flottantes pour limiter la pénétration du rayonnement solaire, plantes de rive pour absorber les sels minéraux. Les poissons ont un rôle négatif en consommant les daphnies et autres petits animaux qui, eux-mêmes, sont des consommateurs d'algues ; il vaut mieux en limiter le nombre, voire s'en passer. Aucun produit chimique n'est recommandable pour éclaircir l'eau d'un plan d'eau. Seule est acceptable la poudre de calcaire coccolithique (marque commerciale : Nautex).

Le sol, station d'épuration

Chaque famille rejette des eaux « usées » : eaux grises (évier, douche…) et eaux-vannes (fosse septique). Les WC représentent environ 45 litres par personne et par jour (18 litres dans le cas de toilettes économes), et la lessive 16 à 40 litres par personne et par jour. Depuis les origines, la nature salit l'eau par les déjections animales, la chute des feuilles mortes, les particules de terre issues de l'érosion, etc. Elle assure ensuite son épuration : décantation dans les cours d'eau, « digestion » par les micro-organismes présents dans le sol et dans l'eau, oxydation par l'air, évaporation puis condensation en pluie, etc.

À défaut de réseau d'égouts desservant la maison, les eaux usées partent… dans le jardin. Si le terrain est très poreux (craie fissurée ou sable) et que les eaux usées s'écoulent dans un simple trou (puisard), elles vont rejoindre les eaux souterraines et les polluer. En terrain moins perméable (limon, argile à silex), elles vont être filtrées plus efficacement, mais leur évacuation sera moins facile.

Un aménagement traditionnel : petit fossé au pied des murs, en bordure de route, qui permet l'écoulement des l'eaux de pluie.

La loi impose maintenant à chacun d'assurer l'assainissement de ses eaux usées. L'épandage souterrain – un des systèmes « non collectifs » les plus répandus – tire également parti du pouvoir épurateur du sol et du pouvoir évaporant des plantes, celles-ci absorbant également certaines substances polluantes comme les nitrates et les phosphates.

Les pollutions de l'eau

Tout comme l'air ou le sol, l'eau n'échappe pas à la pollution ambiante. Même les eaux souterraines, même l'eau potable renferment des résidus – certes très faibles – d'herbicides. Les **eaux de surface**, au fur et à mesure qu'elles s'éloignent de leur source, se chargent des substances les plus diverses, naturelles ou artificielles. Le réseau hydrographique fonctionne un peu comme nos reins, qui collectent nos liquides vitaux chargés de déchets ; il est inévitable que la vie produise des déchets, et que les fleuves, exutoires de vastes réseaux hydrographiques, soient pollués. La véritable question est : pollués par quoi ? En effet, si la nature « sait » traiter les excès de fertilisants, les excréments, les feuilles mortes, les particules de terre, à la rigueur les métaux, elle est parfois impuissante face aux innombrables substances synthétisées par l'homme (médicaments, solvants, détergents, pesticides...), dont certaines persistent dans l'environnement pendant des décennies. La plupart de ces polluants ont un point commun – on le sait depuis quelques années à peine : ils se comportent en « **perturbateurs endocriniens** » dans l'organisme des animaux et de l'homme. Ils peuvent être actifs, pour certains, à des taux aussi faibles que le milliardième de gramme par litre ! Soulignons que

Les jardiniers viennent en troisième position comme fauteurs de pollution de l'eau derrière les agriculteurs et les collectivités.

Eaux de surface : eaux libres, par opposition aux eaux souterraines.
Perturbateurs endocriniens : substances de différentes natures, naturelles ou artificielles, interférant avec les fonctions du système hormonal.

les jardiniers viennent en troisième position comme fauteurs de pollution de l'eau derrière les agriculteurs et les collectivités.

La pollution de l'eau de pluie

Aérosols : particules très fines, solides ou liquides, en suspension dans l'air.
Orage : phénomène météorologique apportant souvent des pluies violentes et relativement brèves. On distingue les orages de chaleur, causés par la convection locale de l'air, et les grains causés par l'arrivée d'un front froid.

L'eau de pluie est loin d'être pure. Ayant traversé l'atmosphère, elle renferme d'innombrables **aérosols** naturels (sable des déserts, pollen, ammoniac et oxydes d'azote produits par les **orages**, embruns salés, poussières, dioxyde de soufre et mercure crachés par les volcans, fumées des incendies de forêts...) ou produits par les activités humaines (suie, gaz d'échappement, fumées diverses, pesticides, particules de plomb, acide sulfurique...). Le cocktail est représentatif de tout ce que nous envoyons dans l'atmosphère, celle-ci pouvant être considérée comme la plus grande réserve d'ordures du monde.
Les gouttes de pluie entraînent également avec elles les minuscules insectes constituant le « plancton aérien ». Ruisselant sur le toit, puis dans la gouttière, elles se chargent en matières organiques (fientes d'oiseaux, particules de mousse, de lichen ou de feuilles mortes, algues...) ou minérales (ardoise, terre cuite, zinc...), de bactéries et autres micro-organismes plus ou moins suspects.
Une partie de cette pollution est bénéfique au jardin, car elle équivaut à un apport d'engrais azoté et soufré. Cet apport se produit notamment lors de chutes de neige de fin d'hiver, les flocons piégeant les aérosols, abondants à cette époque de l'année.

Quant au reste, heureusement que le sol constitue une excellente station d'épuration naturelle pour l'eau. D'un point de vue écologique, c'est un « puits » pour les polluants, ce qui signifie que beaucoup de polluants y tombent facilement et... ont beaucoup de mal à en sortir.

Ceux qui sont non biodégradables (notamment les métaux) sont stockés et inactivés dans le sol, pour peu qu'il ne soit pas très acide et qu'il contienne suffisamment de matière organique. En effet, pour la plupart, ils sont plus solubles, donc plus « actifs » et assimilables par les plantes en milieu acide. Par ailleurs, l'humus joue le rôle d'une éponge retenant certains éléments chimiques. Le sol, quant à lui, grâce aux innombrables micro-organismes qui le peuplent, contribue à la dégradation de nombreuses substances polluantes, qui, au bout d'un temps variable, se décomposent en composés simples ayant leur place dans les cycles naturels : eau, dioxyde de carbone, ammoniac, sulfates, etc.

L'eau de pluie renferme de nombreux aérosols naturels ou produits par les activités humaines. De plus, lors du ruissellement sur le toit, elle entraîne des matières organiques ou minérales.

L'eau, le sol et le végétal

L'eau est source de vie. La vie sur la planète Terre est née dans l'eau. Celle-ci intervient dans la photosynthèse, qui est la fabrication des sucres à partir du dioxyde de carbone et de la vapeur d'eau de l'air, grâce à l'apport énergétique de la lumière solaire, *via* la chlorophylle, avec production d'oxygène.

L'eau est la base de la « solution du sol », qui renferme les sels minéraux nutritifs – solubles dans l'eau – et permet leur absorption par les plantes.

La plante herbacée ne se maintient ferme que si ses cellules sont en turgescence, c'est-à-dire gorgées d'eau. Autrement, feuilles et tiges s'affaissent, ce que l'on observe quand il fait chaud et sec.

Au jardin, l'eau est un facteur de réussite et de productivité. Il faut de 300 à 900 litres d'eau, selon les conditions, pour élaborer 1 kilo de matière sèche végétale. Cette eau traverse la plante sous forme de sève, et une partie est retenue, servant à la constitution des tissus végétaux. Un légume vert du jardin renferme 90 % d'eau environ !

Il faut de 300 à 900 litres d'eau, selon les conditions, pour élaborer 1 kilo de matière sèche végétale.

C'est au niveau du sol que se manifeste de la manière la plus évidente l'excès ou la pénurie d'eau. Résumons : le sol reçoit les précipitations et en stocke une partie. D'autre part, c'est du sol que l'eau repart vers l'atmosphère. Frappant la surface, les rayons du soleil provo-

Un légume vert renferme 90 % d'eau environ !

quent l'évaporation de l'eau. Les plantes participent au phénomène d'« évapotranspiration » en puisant l'eau grâce à leurs racines, puis en transpirant au niveau des feuilles. Rappelons-nous les problèmes de robinet, terreur des candidats au certificat d'études. Nous allons voir que le sol n'est jamais qu'une sorte de baignoire qui fuit, alimentée par un drôle de robinet que personne ne contrôle !

Absorption et infiltration

Quand le « robinet » est ouvert, c'est que la pluie ou la grêle tombe. En arrivant au sol, une partie de l'eau – en moyenne 10 % – s'évapore immédiatement. L'autre partie humecte les premiers centimètres de terre. Si celle-ci est perméable, l'eau descend par gravité et humidifie peu à peu les couches profondes. C'est le phénomène d'infiltration, auquel s'ajoute celui de l'absorption. Une partie de l'eau infiltrée est retenue par le sol comme par une éponge grâce à ses composants colloïdaux : l'humus et les argiles. Avec la neige, c'est un peu différent. Tant qu'elle

Phénomène de battance sur un sol limoneux *(voir p. 128).*

ne fond pas, l'humidification du sol, l'infiltration et le ruissellement sont nuls. L'évaporation est alors en réalité une sublimation, c'est-à-dire le passage direct de l'état solide à l'état gazeux. Lors de la fonte de la neige, l'infiltration est importante car l'apport d'eau est lent. Le ruissellement n'est conséquent que si le sol est gelé.
Si la couche superficielle est imperméable, il n'y a pas de transfert d'eau en profondeur. La cause de cette imperméabilité peut être la sécheresse même du sol du fait de la rétention de l'eau par les forces de capillarité s'exerçant dans les pores du sol. On sait qu'un sol desséché « boit » mal.

Circulation de l'eau dans le sol et la plante

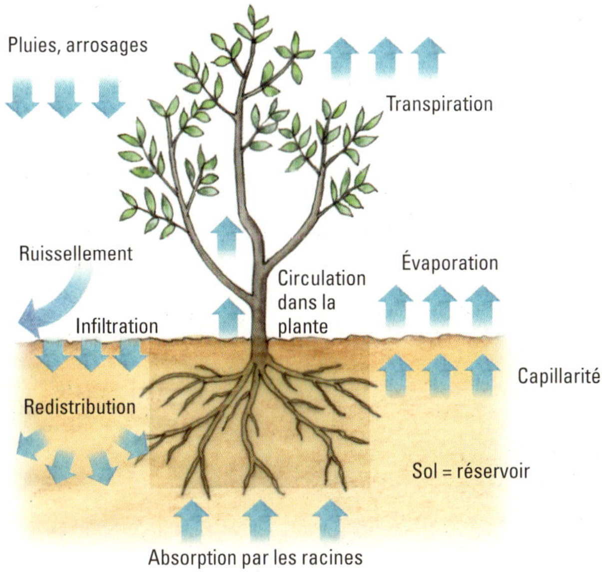

D'après M. Gautier, L'arboriculture fruitière, *Hachette, 1978.*

Texture et structure du sol

Mais ce qui gouverne avant tout la perméabilité d'un sol, c'est sa texture, autrement dit sa teneur en particules fines ou grossières.

L'argile donne les particules les plus fines, ce qui explique que les sols argileux soient relativement imperméables. De plus, certaines argiles gonflent en absorbant de l'eau, bloquant celle-ci.

Les particules de limon sont d'un calibre supérieur à celles des argiles, ce qui confère *a priori* aux sols limoneux une certaine perméabilité. Mais elles ont la propriété, sous l'effet de l'impact des gouttes de pluie, de s'ordonner comme les tuiles d'un toit ou les écailles d'un poisson, fermant la route à l'eau. C'est le phénomène de **battance**, bien connu des agronomes et des agriculteurs.

Les particules de sable, plus grosses que celles de limon, laissent passer l'eau en toutes circonstances.

L'humus n'est pas neutre, loin de là, dans la perméabilité du sol : véritable ciment biologique, il stabilise la **structure**,

Battance: formation d'une croûte sous l'action alterné des pluies et du soleil.
Structure : arrangement des différents éléments du sol.

La porosité du sol

1 Grosse crevasse
2 Crevasse délimitant des agrégats
3 Fissures fines
4 Canalicules
5 Grosse lacune traversant les agrégats
6 Lacune tubulaire creusée par un ver de terre
7 Lacune aveugle

D'après Gaucher,. Traité de pédologie agricole – Le sol, *Dunod, 1968.*

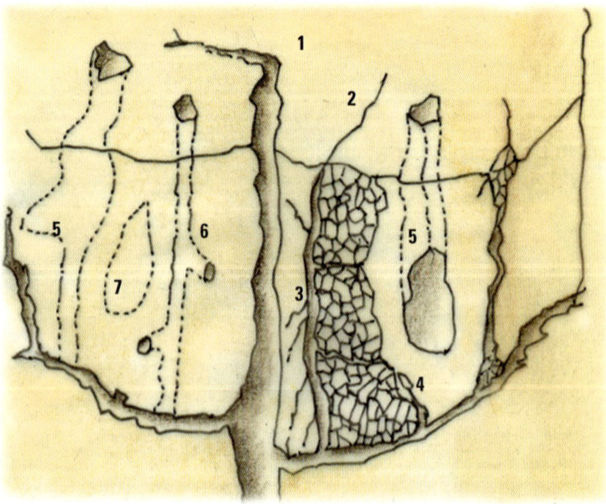

consolide les pores, et favorise donc la circulation de l'eau. L'activité biologique de la terre, enfin, joue un rôle essentiel dans l'économie de l'eau : le réseau de galeries souterraines entretenu en permanence par les taupes, les vers de terre et même de minuscules insectes comme les collemboles, est un véritable système de drainage couplé à un système d'irrigation ! Par ailleurs, les innombrables bactéries, champignons microscopiques et actinomycètes qui peuplent les horizons superficiels transpirent eux aussi. Ils sont des agents actifs de l'assèchement des sols, notamment à la sortie de l'hiver, lorsque les premiers rayons du soleil stimulent leur activité.

C'est la texture du sol qui permet une plus ou moins grande perméabilité à l'eau.

Les différents types de sols

Selon la proportion d'argile, de limon et de sable qu'ils renferment, autrement dit leur texture, on distingue trois grands types de sols, avec, bien sûr, tous les intermédiaires possibles. À chaque type de sol correspond une vitesse d'infiltration, qui est une mesure de sa perméabilité. Pour apprécier la vitesse d'infiltration propre à un sol, il suffit de l'arroser copieusement puis de revenir une heure plus tard pour creuser un trou. L'épaisseur humectée, mesurée en centimètres, correspond à la vitesse d'infiltration.

- **Sol sableux :** léger, facile à travailler en toutes circonstances, il crisse au contact des outils métalliques. Vitesse d'infiltration : 5-10 cm/h. Intensité de pluie admissible pour une infiltration totale : 5-20 mm/h.
- **Sol limoneux :** forme une croûte après les pluies intenses ; légèrement sonore au choc. Vitesse d'infiltration : 2 à 50 cm/h dans la couche superficielle, selon le type d'humus ; 1 mm/h environ dans les couches sous-jacentes, plus riches en argile.
- **Sol argileux :** durcit et se fendille lorsqu'il se dessèche ; colle aux outils. Vitesse d'infiltration : 0,1 cm/h. Intensité de pluie admissible pour une infiltration totale : 6-8 mm/h.

Mais nous quittons là le phénomène de l'infiltration pour aborder celui de la rétention, qui s'oppose à celui de l'évapotranspiration. Dans la baignoire, la capacité de rétention, c'est le volume d'eau retenu ; l'infiltration, c'est ce qui fuit par la bonde ; et l'évapotranspiration ce qui s'évapore.

La capacité de rétention du sol

Les agronomes appellent capacité de rétention en eau d'un sol le poids d'eau contenu dans la terre, rapporté au poids sec de celle-ci. Le chiffre dépend principalement de la teneur en argile et en humus.
La capacité de rétention n'est pas tout. Une partie de cette capacité correspond à de l'eau qui est retenue tellement fortement par les particules du sol qu'elle en devient inutilisable par les plantes : c'est ce qu'en termes techniques on appelle « humidité au **point de flétrisse-**

Les réserves d'eau du sol

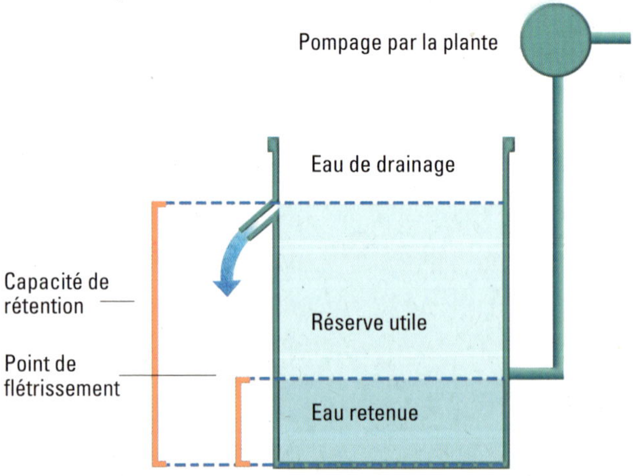

D'après M. Gautier, L'arboriculture fruitière, *Hachette, 1978.*

ment permanent ». L'autre partie est la « réserve utile », la bien nommée, qui comprend elle-même une fraction facilement utilisable et une autre dite « réserve de survie ». Au-delà de la capacité de rétention, il y a l'eau de gravité, de drainage ou de saturation, celle qui s'égoutte après une pluie (phénomène du ressuyage).

Comme le montre le tableau, les sols argileux absorbent quatre à cinq fois plus d'eau que les sols sableux, mais ils en retiennent fortement la moitié. En dépit de cela, ils peuvent fournir facilement aux plantes deux fois plus d'eau que les sols limoneux et trois à quatre fois plus que les sols sableux. On voit déjà les conséquences pratiques : arroser souvent mais peu à la fois en sol sableux, beaucoup et de manière espacée en sol argileux.

Valeur de la capacité de rétention et du point de flétrissement des principaux types de sol

(En grammes d'eau par kilo de terre sèche)

	Capacité de rétention	Point de flétrissement	Réserve utile
Sol sableux	80-120	30-50	50-70
Sol limoneux	180-250	80-120	100-130
Sol argileux	400-500	200-250	200-250

Que la terre du jardin ait une bonne capacité de rétention du fait de sa texture de surface, c'est bien, mais cela ne suffit pas. Il faut également qu'elle soit suffisamment profonde pour être explorée utilement par les racines des plantes. Si un tapis de graminées exploite une couche de terre limitée à une trentaine de centimètres, une betterave envoie son pivot à plus de 1 mètre de profondeur et un pied de pomme de terre descend à 2 mètres. Les arbres s'approvisionnent en eau, pour la plupart, dans le premier mètre du **profil**. D'où l'importance de disposer d'un sol

Point de flétrissement : c'est la teneur en eau du sol au-dessous de laquelle les plantes ne peuvent plus satisfaire leurs besoins et où elles se flétrissent.
Profil : succession des couches de terre.

profond si l'on veut jardiner sans avoir à trop arroser. Pour une profondeur de 1 mètre, on obtient des valeurs de réserve utile allant de 70 mm d'eau pour un sol sableux grossier à 200 mm d'eau pour un sol limono-argileux, exprimées en hauteurs de précipitations.

L'eau et les plantes

L'eau est retenue dans le sol. Alors comment font les plantes pour l'extraire ? Elles puisent l'eau à l'aide des poils absorbants émis par la couche externe de l'écorce des racines. Par le phénomène de l'**osmose**, cette eau chargée en sels minéraux nutritifs passe des poils absorbants jusqu'aux cellules les plus profondes du **parenchyme**, pour finir par atteindre les vaisseaux ligneux du centre de la racine. À ce niveau, elle s'intègre dans la circulation de la sève brute (ou sève ascendante, riche en sels minéraux), puis de la sève élaborée (ou sève descendante, riche en sucres), irriguant l'ensemble de la plante et permettant ainsi le déroulement de tous les processus physiologiques. Au terme de ce circuit, ce qui n'est pas intégré dans les tissus est évaporé dans l'atmosphère, essentiellement au niveau des feuilles et autres organes tendres.

Osmose : transfert du solvant (eau, par exemple) d'une solution vers une solution plus concentrée, à travers une membrane.
Parenchyme : tissu peu différencié formant l'essentiel d'un végétal, par opposition aux tissus différenciés que sont les tissus conducteurs de la sève ou les tissus de soutien.

Cette transpiration contribue à rafraîchir la plante, comme la sudation chez l'homme. Mais c'est surtout un véritable moteur qui crée une aspiration, un peu comme une mèche trempant dans un liquide. En réalité, c'est un peu plus compliqué : lorsque la plante perd de l'eau au niveau de ses feuilles, l'augmentation de la concentration des sucs cellulaires et de la sève en composés solubles l'incite à réagir en absorbant de l'eau au niveau de ses racines.

Absorption de l'eau par les racines

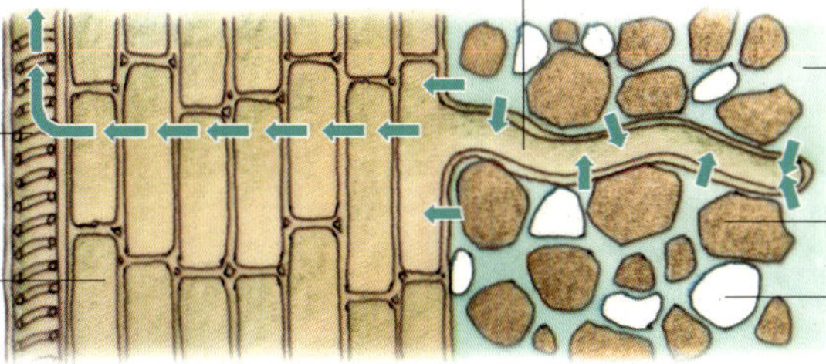

Ce moteur simple transforme la plante en pompe fonctionnant à l'énergie solaire. Car le soleil est à l'origine de la quasi-totalité des phénomènes d'évaporation à la surface de cette planète.

On ne sera donc pas surpris que la transpiration augmente avec la température, la sécheresse et l'agitation de l'air, conditions liées à l'apport énergétique du soleil. Mais la plante est active et règle sa transpiration par l'ouverture plus ou moins grande de ses **stomates**, qui sont les pores de sa peau. 5 à 10 % seulement de la transpiration s'effectuent indépendamment des stomates, à travers la cuticule, couche externe de l'épiderme.

La transpiration contribue à rafraîchir la plante.

La transpiration des plantes extrait l'eau du sol, mais jusqu'à un certain point. En effet, les racines doivent vaincre une force qui retient l'eau et qui augmente avec le départ de l'eau. Lorsque la tension de succion dépasse 1 atmosphère, l'absorption de l'eau par les racines est fortement diminuée. Au-delà de 16 atmosphères, les plantes ne peuvent plus satisfaire leurs besoins et elles se flétrissent.

Le « point de flétrissement » varie selon les espèces. En général, les racines superficielles des arbres peuvent vaincre des tensions de succion importantes et se procurer de l'eau même dans un sol apparemment sec. Les plantes

Stomates : fentes situées en général à la surface des feuilles et qui permettent les échanges de gaz et de vapeur d'eau entre les plantes et l'atmosphère.

Hygrophile : se dit d'une espèce végétale adaptée à l'humidité, par opposition à xérophile.
Xérophile : se dit d'une plante adaptée à la sécheresse, par opposition à mésophile (adaptée à des conditions d'humidité moyennes) ou hygrophile (adaptée aux sols humides).

hygrophiles, adaptées à une humidité permanente, demandent de l'eau facile à absorber. Il faut donc que la réserve utile soit réapprovisionnée par ascension capillaire à partir de la nappe. C'est le cas, par exemple, des peupliers, de l'aulne glutineux, des saules, de la reine-des-prés, de la salicaire, de l'iris faux-acore... Les espèces dites **xérophiles**, en revanche, sont adaptées à la sécheresse. Elles peuvent extraire l'eau pour des tensions de succion voisines du point de flétrissement. C'est le cas, notamment, du pin sylvestre et des plantes herbacées des pelouses sèches qui couvrent les coteaux crayeux. Les plantes mésophiles ont un comportement intermédiaire.

Profondeur de l'enracinement de différentes espèces végétales *(en mètres)*

Graminées des prairies	0,30
Bouleau, betterave	1,20
Trèfle, lupin	1,50-2,50
Céréales, pomme de terre	2
Chêne, pin	2
Orme, érable	2,50
Robinier	3,50
Vigne	6,70
Épicéa	1-20
Luzerne	10-15
Tamaris	30

L'évapotranspiration

L'évapotranspiration, concept employé par les agronomes et les climatologues, correspond à l'addition de l'évaporation purement physique et de la transpiration des êtres vivants sur une surface donnée. Elle est plus forte pour un sol couvert de végétation que pour un sol nu. Un sol engazonné, par exemple, soumis à la sécheresse perd 30 à 40 litres d'eau par mètre carré. On comprend l'utilité de désherber les cultures (voir p. 47, « Biner »).

Lorsque le « point de flétrissement » est atteint, en cas de sécheresse, un courant d'eau capillaire s'établit depuis les profondeurs. Ces remontées sont importantes lorsqu'il existe une nappe à faible profondeur. C'est le cas bien connu des cultures en marais telles que celles des **hortillonnages** d'Amiens ou de Saint-Omer, dans le Nord de la France. L'eau peut remonter jusqu'à 1 mètre au-dessus du niveau de la nappe dans un sol limoneux et être utilisée par les racines. On a décrit des remontées de 40 mètres depuis la nappe de la craie jusqu'aux sols sus-jacents.

Hortillonnages : marais utilisés pour la culture des légumes.

Évapotranspiration réelle et couverture du sol

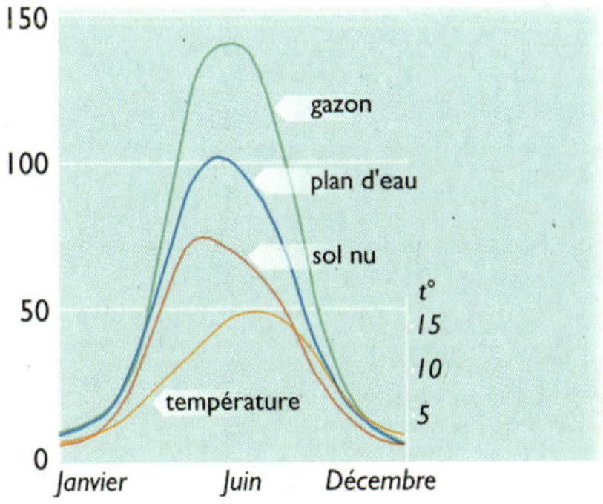

Total sur l'année
Gazon : 771 mm
Plan d'eau : 588 mm
Sol nu : 444 mm

La température se lit sur l'échelle de droite en degré Celsius.

Mesures effectuées aux Pays-Bas. D'après Lambert, Géographie du cycle de l'eau, *PUM Toulouse, 1996.*

Un pied de tomate en production exposé au soleil et au vent peut consommer jusqu'à 4 litres d'eau par jour.

Sous nos climats, l'évapotranspiration est supérieure aux précipitations dès le printemps et jusqu'à l'automne. À la belle saison, à moins qu'il pleuve beaucoup, le sol ne peut pas reconstituer ses réserves d'eau, car la végétation transpire beaucoup. Lors d'un été sec, la pluie ne restitue au sol, au mieux, que 10 à 30 % de l'eau perdue par l'évaporation et la transpiration des plantes. Les réserves d'eau du sol s'épuisent jusqu'à avoisiner zéro au moment où la plupart des cultures sont en pleine croissance. Par exemple, un pied de tomate en production exposé au soleil et au vent peut consommer jusqu'à 4 litres d'eau par jour.
Cela rend l'arrosage nécessaire, au moins pour les cultures dont l'enracinement superficiel est incapable d'exploiter les réserves profondes du sol. On peut aussi abaisser artificiellement l'évapotranspiration grâce à certaines techniques horticoles éprouvées : implantation d'une haie brise-vent du côté du jardin exposé aux vents dominants les plus secs, culture sous ombrage, **bassinage** des plantes délicates, pulvérisation d'eau dans la serre, etc.

Bassinage : arrosage en pluie très fine.

Bilan hydrique sur une année

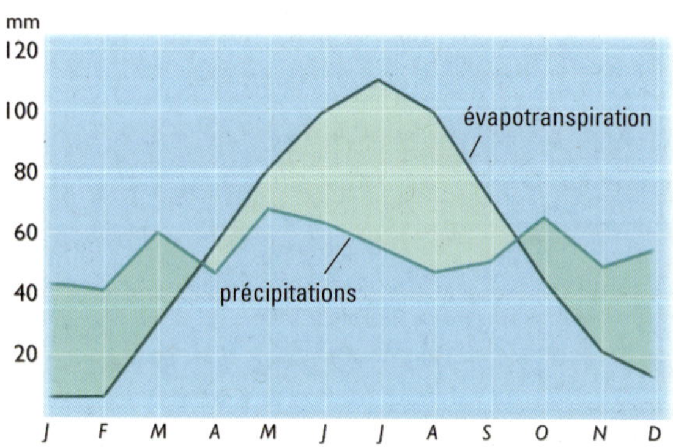

Mesures effectuées à Reims entre 1975 et 1990. D'après Chiesi, 1993.

Dans les hortillonnages d'Amiens, la nappe est très proche de la surface du sol.

Le stress hydrique

La sécheresse est, pour certaines espèces végétales, un accident. Pour d'autres, c'est une situation normale.

◗ Si les cactées sont capables de vivre dans des déserts ne recevant pratiquement pas d'eau, c'est qu'elles ont mis en place, tout au long de leur évolution, des stratégies de résistance à la sécheresse. Leurs tiges succulentes sont de véritables citernes, tandis que leurs feuilles se sont transformées en épines. Elles sont protégées par une épaisse cuticule et un enduit cireux imperméable. Leur suc cellulaire est riche en acides organiques à un assez grand degré de concentration, ce qui réduit l'évaporation.

◗ D'autres groupes développent des racines très profondes, ou bien un réseau très étendu de racines superficielles capables d'absorber rapidement le peu de pluie qui tombe et la rosée. D'autres encore font disparaître leurs parties aériennes lors de la saison sèche. C'est le cas, par exemple, de l'artichaut, ou de beaucoup de bulbeuses à floraison printanière sous leur climat méditerranéen d'origine.

Avant d'arriver à une situation irréversible, les arbres et les arbustes sont capables de se protéger de la sécheresse de différentes façons.

◗ Chez le laurier-rose, le pin sylvestre, les bruyères et les *Ficus*, plantes de sol ou de climat sec, les stomates sont regroupés au fond de cryptes, de gouttières ou autres dépressions limitées par des replis de l'épiderme et ne communiquant au-dehors que par une étroite ouverture, afin de limiter la transpiration.

◗ Mais chez le marronnier, par exemple, un arbre originaire de régions bien arrosées des Balkans, la sécheresse occasionne un véritable stress hydrique. Il réagit alors, avec un certain retard, par un élagage naturel : il perd des branches. On peut penser que cette « auto-amputation » permet à l'arbre de limiter la transpiration de sa ramure.
D'autres essences réagissent en perdant précocement leurs feuilles, ce que l'on observe chez les tilleuls dans l'atmosphère sèche des villes, ainsi que chez les bouleaux et les aulnes. D'autres voient se dessécher des branches entières par **embolie** (voir tableau). Avant d'en arriver à ce stade irréversible, arbres et arbustes limitent leur transpiration en fermant plus ou moins leurs stomates.

◗ Les plantes annuelles ou bisannuelles qui n'ont pas l'avantage d'être xérophiles réagissent au stress hydrique en arrêtant leur développement, en adoptant un port prostré, ou bien au contraire en l'accélérant. On sait bien que des laitues qui manquent d'eau montent prématurément en graine, comme une réaction de survie.
Sur tous les plans de jardin, même les plus anciens, figure un point d'eau, situé généralement en position centrale. C'est dire si l'arrosage est partie intégrante du cycle de

Embolie : la conduction de la sève est interrompue par des bulles de gaz.

Les arbres et leur résistance à la sécheresse

Résistance à la sécheresse*	Arbres de milieu frais	Arbres mésophiles	Arbres mésoxérophiles	Arbres xérophiles
1		Noyer		
2	Tremble Bouleau *Alnus incana*			
3	Frêne Chêne pédonculé	Chêne rouge Hêtre Chêne sessile	*Pinus contorta* Pin noir Pin sylvestre	Chêne pubescent
4		Sapin pectiné Douglas	Sapin de Nordmann Épicéa Mélèze d'Europe	
5			Cèdre du Liban Cèdre de l'Atlas	Pin d'Alep Cyprès vert

* Evaluée de 1 à 5 d'après le potentiel induisant 50 % de perte de conductivité hydraulique par embolie.

D'après Bréda, Granier et Aussenac, La sécheresse de 2003 dans le contexte climatique des 54 dernières années : analyse écophysiologique et influences sur les arbres forestiers, *Revue forestière française*, n° 2/2004, 2004.

l'eau au jardin. Seules les plantations bien établies d'espèces indigènes ou exotiques installées – arbres, arbustes, prairies naturelles, plantes fleuries sauvages ou rustiques – survivent au régime sec.

Les cultures potagères ont pour particularité de produire beaucoup de biomasse en peu de temps (quelques semaines à quelques mois) et avec relativement peu de racines. L'eau doit leur être facilement accessible. Or, compte tenu de ce qui précède, c'est bien le manque d'eau, plutôt que l'excès, qu'il faut craindre au jardin.

Du manque à l'excès

Mais attention à ne pas passer du manque à l'excès : il y a un optimum à trouver dans les apports d'eau si l'on vise la qualité des produits du verger et du potager plutôt que la quantité. Une surabondance d'eau dilue le sucre, les arômes, les éléments nutritifs. À quoi bon ?

On sait que le fait d'irriguer les vergers juste avant la récolte des fruits augmente le volume de ceux-ci et le rendement. Mais cela se fait aux dépens de la saveur. Le consommateur qui achète de tels fruits achète en réalité de l'eau au prix des pêches !

Alors que vaut-il mieux ? Manque d'eau ou excès ? Que dit la sagesse populaire ?

« Année de sécheresse a toujours fait richesse », disent en substance de nombreux dictons. Ou bien : « Année pluvieuse, année malheureuse ». Mais ce point de vue est plutôt celui du Nord. Dans le Sud, on dira plutôt : « Année nébuleuse, année plantureuse ». L'abondance ou le manque d'eau est donc à considérer en fonction du climat du lieu.

L'abondance ou le manque d'eau est à considérer en fonction du climat du lieu.

L'eau, composante du climat

Sécheresse ? Humidité ? Verts pâturages ou… « paillassons ». L'aspect de nos campagnes dépend des quantités d'eau qui sortent du sol et qui y entrent. La facilité d'y cultiver un jardin également. Située globalement dans la zone dite de climat tempéré, la France ne souffre pas des excès que l'on rencontre dans les climats arides (précipitations quasi nulles) ou équatoriaux (précipitations annuelles pouvant dépasser 10 mètres). C'est pourquoi elle fait figure de grand jardin. On peut y cultiver une large gamme de plantes sans avoir à mettre en œuvre des moyens extraordinaires.

La France fait figure de grand jardin : une situation privilégiée qui cache cependant de grandes disparités.

Cette situation globalement privilégiée cache cependant de grandes disparités, liées à la juxtaposition de différentes zones climatiques, interférant avec des climats locaux,

Ruissellement dans un vallon et formation d'une petite mare temporaire.

voire des microclimats. La gestion de l'eau dans un jardin est, bien sûr, sous la complète dépendance des caractéristiques du climat, et plus précisément du régime des précipitations. C'est l'eau qui nous vient du ciel qui décide de ce que nous avons à faire. Seule exception : les rares jardins qui bénéficient de la présence d'une nappe d'eau souterraine à faible profondeur.

La hauteur moyenne des précipitations

Le critère le plus simple pour caractériser le caractère humide ou sec d'un climat est la hauteur moyenne des précipitations sur l'année, exprimée en millimètres. Les climatologues l'obtiennent en additionnant les hauteurs

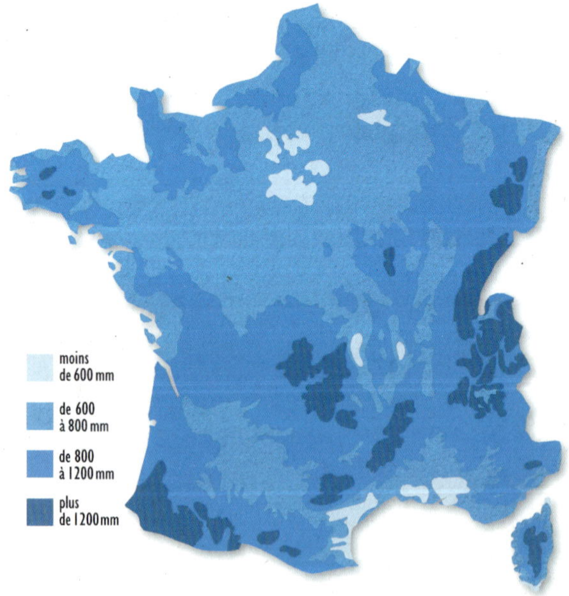

Hauteur moyenne des précipitations annuelles
Source : Météo France, Atlas climatique de la France.

d'eau mesurées dans les pluviomètres des innombrables stations météorologiques du territoire. En gros, la pluviométrie varie du simple au double sur le territoire français. Son examen réserve quelques surprises. Ainsi, Clermont-Ferrand (563 mm) et Paris (585 mm) sont nettement moins arrosés que Nice (862 mm) ou Pau (1 136 mm).

À l'intérieur d'une même région, les écarts peuvent être phénoménaux. Ainsi, la Normandie a la réputation justifiée d'être une région humide, mais des secteurs entiers du département de l'Eure figurent parmi les zones les moins arrosées de France.

L'étude de la pluviométrie (hauteur moyenne des précipitations sur une année) apporte d'importantes indications sur le climat des régions.

Les facteurs qui déterminent ces disparités entre régions, ou à l'intérieur d'une région, sont :

– l'altitude : les reliefs exposés aux vents humides, orientés en général au secteur ouest, captent les précipitations, comme on le voit par exemple à Pontarlier (1 480 mm), à 850 mètres d'altitude dans le Jura, ou, mieux encore, sur le mont Aigoual (2 300 mm, le record de France !), à 1 567 mètres dans les Cévennes ;

– l'exposition aux perturbations venant de l'Atlantique, cas de la bordure nord-ouest du pays (Bretagne, Cotentin, pays de Caux, Artois, Boulonnais) ;

– la position d'abri, au contraire, dont bénéficient, par exemple, la Limagne (dépression au cœur du Massif central), le centre du Bassin parisien (protégé par la Bretagne et les collines du Perche), le littoral méditerranéen, bordé de l'ouest au nord par de hautes montagnes ;

– la situation géographique et la latitude : relative proximité de la zone intertropicale (sécheresse en été), cas de la bordure méditerranéenne ; ou bien rattachement de l'est de la France aux situations anticycloniques qui affectent l'Europe centrale.

Les moyennes annuelles de pluviométrie ne rendent pas compte des grandes disparités qu'on peut observer en un même lieu d'une année à l'autre… Il y a des années où il pleut beaucoup – 1981, notamment –, et d'autres, comme 1976, 1989 et 1990 ou 2003 qui connaissent un grand déficit pluviométrique.

La flore d'une région fournit aussi des indications sur sa pluviométrie.

Le plus simple, pour connaître la pluviométrie annuelle en un point donné, est de consulter une carte climatique (voir Bibliographie p. 159), ou les tableaux fournis par les stations départementales de Météo France. L'observation de la flore fournit également quelques indications : ainsi la présence de hêtraies atteste d'un cumul annuel d'au moins 750 mm.

La répartition des précipitations sur l'année

800 mm par an à Rouen, 820 mm à Montpellier… À l'évidence, la hauteur moyenne des précipitations sur l'année ne nous dit pas tout sur l'humidité du climat. Du moins, sur l'humidité qui nous intéresse, nous jardiniers,

Présents dans les régions arides, les agaves sont particulièrement adaptés à la sécheresse.

celle qui est disponible dans le sol, au niveau des racines de nos plantes. À Montpellier, contrairement à Rouen, l'arrosage est toujours indispensable en été ! D'autres critères climatiques sont donc à prendre en compte.

Ainsi, la répartition des précipitations sur l'année est importante pour caractériser le climat d'une région. De ce point de vue, on peut diviser la France en trois grands domaines affectés par trois régimes de précipitations :

– le régime tempéré océanique, qui concerne la moitié ouest du pays : pluies bien réparties dans l'année, maximales en hiver, minimales en été. Les pluies (et la neige) sont issues des perturbations (dépressions) liées à la présence du **front polaire** et qui nous arrivent régulièrement par l'ouest ;

– le régime tempéré continental, affectant la moitié est de la France, avec peu de précipitations en hiver du fait de la rareté des perturbations pluvieuses et un maximum en été, notamment avec les orages ;

– le régime méditerranéen, avec des pluies hivernales apportées par la descente du front polaire et une sécheresse estivale en relation avec les hautes pressions intertropicales.

Front polaire : front sinueux oscillant aux latitudes tempérées où se rencontrent les masses d'air chaud d'origine subtropicale et les masses d'air froid d'origine polaire. C'est là que prennent naissance les dépressions apportant un temps perturbé et des précipitations.

Répartition annuelle des précipitations selon le type de climat

Source : Le Bon Jardinier, *tome I, La Maison rustique, 1992.*

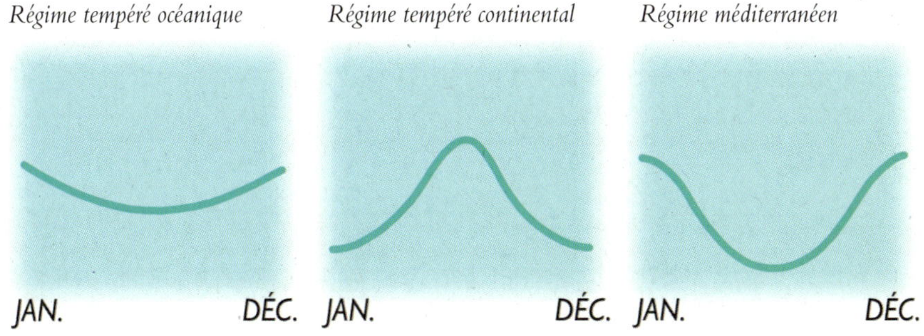

Les périodes de sécheresse ne sont pas réservées aux régions méditerranéennes. L'Ouest connaît aussi d'importantes variations suivant les années.

Les régions méditerranéennes seraient-elles les seules à connaître la sécheresse ? Non. La répartition des précipitations dans l'année ne dit donc pas tout non plus. L'ouest de la France a beau être rattaché au régime tempéré océanique et bénéficier à ce titre de pluies bien étalées sur toutes les saisons, il y fait souvent bien sec. Les climatologues ont décelé une grande hétérogénéité des régions de l'Ouest en ce qui concerne la sécheresse. Ainsi, Angers et la Vendée présentent des déficits pluviométriques proches de ceux du Midi toulousain, tandis que les reliefs (monts d'Arrée, Montagne noire, Cotentin intérieur, bocage normand, pays d'Auge) souffrent moins.
Les climatologues comptabilisent bien d'autres données sur les précipitations :
– le nombre moyen de jours avec précipitations supérieures à 0,1 mm (en fait le nombre de jours avec pluie) : la bordure nord-ouest connaît la pluie 180 jours par an en moyenne, de même que les Vosges, le Jura, l'Auvergne, le Morvan et l'Argonne, contre moins de 90 pour la bordure méditerranéenne ;
– le nombre moyen de jours avec précipitations supérieures à 5 mm (pluies importantes) suit à peu près la même géographie.

Les réserves du sol

Les agroclimatologues vont encore plus loin. Grâce à leurs travaux, on sait à quel moment, en moyenne, les sols auront épuisé leurs réserves d'eau. Au 30 juin, un an sur deux, une partie de l'ouest et du sud-ouest de la France jusqu'au sud du Bassin parisien, ainsi que la région de Dijon, ont perdu plus de la moitié de leurs réserves d'eau (voir p. 130). Il faut donc impérativement arroser dans ces régions. À noter qu'un an sur cinq, le même état d'épuisement n'est noté qu'au 31 août. À ces mêmes dates, les réserves du sol sont à zéro sur le pourtour méditerranéen depuis bien longtemps.

Régions de France les plus chaudes et les plus sèches
Source : Météo France, Atlas climatique de la France.

Le climat change

Dans quelle mesure le changement climatique en cours va-t-il modifier toutes les données que nous connaissons et qui conditionnent la production agricole et jardinière ? Nul ne le sait précisément. La plupart des experts s'accordent à penser que le réchauffement prévisible modifiera le cycle hydrologique, et que c'est même la principale menace qui pèse sur la santé de l'humanité. En effet, ces modifications pourraient affecter le ravitaillement en eau et la production d'aliments.
Alors, quels changements en France ? En gros, les précipitations augmenteraient en hiver sur la partie nord, et les

épisodes de sécheresse se multiplieraient en été sur la partie sud. Cela dit, la frontière entre ces deux zones variant de plusieurs centaines de kilomètres selon les scénarios des climatologues, il convient de rester prudent.

Le changement climatique entraîne aussi l'intensification de certains phénomènes comme les pluies intenses ou les vents violents.

Le réchauffement global étant une réalité depuis le milieu du XIXe siècle, et s'étant accéléré depuis le début des années 1970, nous disposons malgré tout de quelques observations. Dans l'ouest de la France, l'élévation de température s'est accompagnée, notamment au cours des dernières années – les plus chaudes –, de périodes sèches. Les mois d'hiver sont de plus en plus arrosés, alors que les mois d'été le sont de moins en moins.
Autre changement à craindre : l'intensification de certains phénomènes climatiques. Des observations faites en Haute-Normandie semblent mettre en évidence une augmentation de la fréquence des événements pluvieux intenses en été, causes d'inondations catastrophiques durant les deux dernières décennies. Cette masse d'eau qui tombe en quelques heures, outre qu'elle est dévastatrice, n'est que de peu de bénéfice pour la végétation et les nappes souterraines, puisqu'elle ruisselle au lieu de s'infiltrer.

Les épisodes secs vont sans doute se multiplier notamment dans le sud de la France.

pour en savoir plus

Annexes

Le *freshwater stress*

Les changements climatiques en cours exacerberont les problèmes dus à la pollution ainsi qu'à la croissance démographique et au développement économique. Les régions les plus vulnérables sont les zones arides et semi-arides, certaines zones côtières de faible élévation, les deltas et les petites îles. On va certainement assister à une amplification des tensions économiques et politiques dans les régions où les ressources en eau sont déjà limitées. Une meilleure gestion des ressources en eau peut contribuer à réduire cette vulnérabilité. Le Programme des Nations unies pour l'environnement a publié une carte du *freshwater stress* (« stress de l'eau douce ») qui chiffre par pays l'évolution des prélèvements d'eau en pourcentage des réserves, entre 1995 et 2025. On constate que le nombre de pays affectés va augmenter, de même que l'intensité du stress.

Source : Global Environment Outlook *2000 (GEO), UNEP, Earthscan, Londres, 1999.*

Le stress de l'eau douce

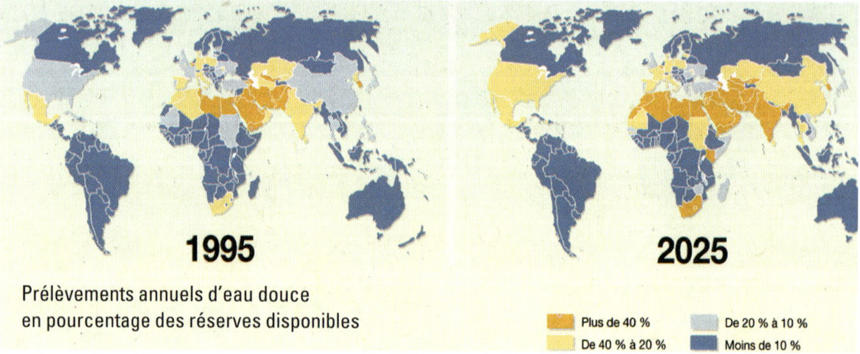

Jardinage et « eau virtuelle »

La consommation d'eau a été multipliée par presque dix durant le XXe siècle. L'amélioration de l'hygiène, mais aussi les consommations de luxe (arrosage des greens de golf, remplissage des piscines privées…) et les gaspillages en sont les causes. Mais on observe une légère baisse depuis 1992, probablement liée en partie à l'augmentation du prix du mètre cube d'eau potable. En France, la consommation domestique est forte, à peine inférieure à celle liée à l'irrigation des terres agricoles, et bien plus importante que la consommation de l'industrie ou de la production d'énergie.
Et encore ne s'agit-il ici que de l'eau « réelle ». Pour être exact, il faudrait ajouter à cette « empreinte » de chacun sur la ressource en eau ce qu'on appelle maintenant l'eau « virtuelle » : c'est la quantité d'eau contenue dans tous les produits que nous consommons, et plus précisément celle qui est utilisée pour les fabriquer, parfois dans des pays très lointains, les transporter, les éliminer. C'est ainsi que pour produire un kilo de riz il faut 2 500 litres d'eau. Un kilo de bœuf, c'est 22 000 litres d'eau, contre 1 000 pour un kilo de légumes secs ou de tubercules ! On conçoit donc que, selon nos choix de vie, l'empreinte de chacun sur l'eau varie énormément : le régime végétarien, par exemple, a une « empreinte sur l'eau » d'environ 1 500 litres par personne et par jour, contre 4 000 litres pour une alimentation carnée.
Les légumes produits dans son propre potager et arrosés avec de l'eau de pluie ne renferment pas d'eau virtuelle. Ceux qui sont achetés en contiennent : c'est notamment l'eau utilisée pour l'irrigation dans le pays producteur.

2 500 litres d'eau

1 kg de riz

Bilans globaux

Les grands flux d'eau

En France, 61 % des 440 milliards de mètres cubes de précipitations s'évaporent à nouveau, tandis que 16 % ruissellent et rejoignent les cours d'eau, et que 23 % s'infiltrent dans le sol, alimentant tout à la fois la végétation et les nappes souterraines.

Bilan hydrique global

	Sur la planète*	En France**
Lame d'eau tombée sur la terre ferme	720 mm	500-1 200 mm
Évapotranspiration	410 mm	450-650 mm
Écoulements superficiels et souterrains vers océans	310 mm	> 50-650 mm
Évaporation directe sur océans	1 250 mm	-
Lame d'eau tombée sur les océans	1 120 mm	-

* D'après les travaux soviétiques cités par De Marsily, 1981.
** D'après E. Choisnel et J. Noilhan, « La prévision des sécheresses », *La Recherche*, n° 26, 1995.

Bilan d'eau en France (en km³, année moyenne)

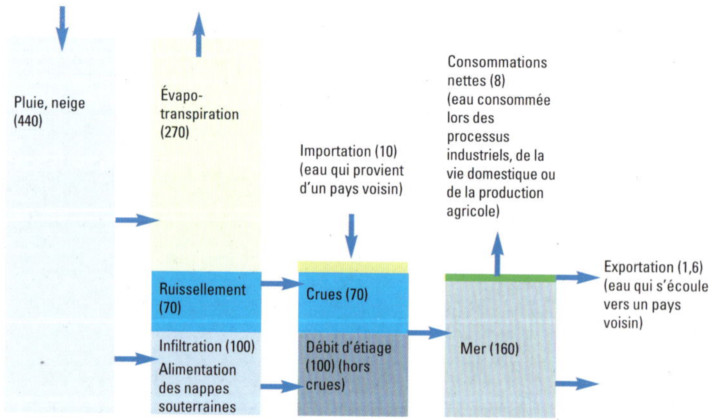

*Source :
BRGM.*

Les grands réservoirs de la planète

L'hydrosphère, ensemble des eaux de la planète, comporte deux types de réservoirs : ceux dans lesquels l'eau circule, principalement l'atmosphère, le sol ou les cours d'eau, et ceux dans lesquels elle s'accumule et séjourne, comme les nappes, les glaciers ou les océans.
L'essentiel de l'eau de la planète se trouvant soit dans les océans, soit dans les glaciers et les calottes polaires, et seule une fraction minuscule étant donc disponible pour l'homme, il faut bien admettre que l'eau est une ressource dont l'abondance est trompeuse.

Temps moyen de séjour de l'eau dans les différents types de réservoirs	
Atmosphère	8 jours
Cours d'eau	15 jours
Sols	1 an
Lacs	17 ans
Eaux souterraines	1 400 ans
Océans	2 500 ans
Glacier, calottes glaciaires	1 600 à 9 700 ans

Les grands réservoirs de la planète

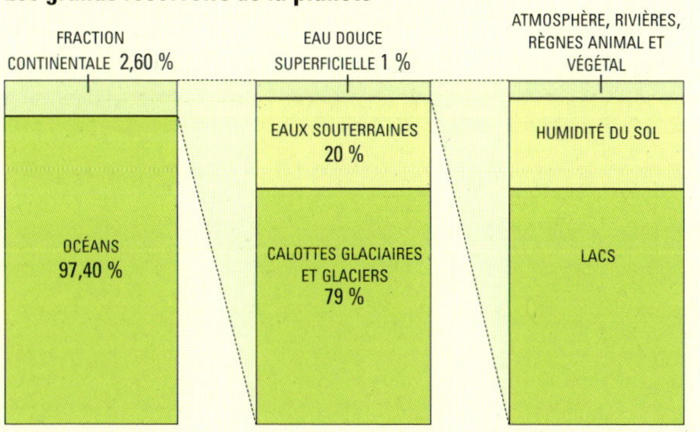

D'après B. Fischesser et M.-F. Dupuis-Tate, Le Guide illustré de l'écologie, *éd. de La Martinière, 1996.*

Il faut tordre le cou à une autre idée fausse très répandue : non, l'eau potable ne provient pas directement de l'épuration des eaux usées ! Pour faire de l'eau potable, on prélève de l'eau brute dans une nappe ou un cours d'eau, on la traite afin de la rendre consommable sans risque par la population, puis on la distribue dans chaque foyer grâce à un réseau de canalisations.

200 litres par jour et par personne

Nous avons vu que l'homme intervient dans le cycle de l'eau au point de modifier la proportion d'eau qui ruisselle ou qui s'infiltre. Mais ce n'est pas tout : nous prélevons de l'eau pour satisfaire nos besoins. Ne confondons pas prélèvement et consommation : le prélèvement d'eau correspond à des volumes pris dans le milieu naturel et dont une partie sera restituée. La consommation nette comptabilise les volumes d'eau non renvoyés dans leurs « réservoirs » d'origine. Les prélèvements d'eau s'établissent en France à environ 32 milliards de mètres cubes chaque année. On voit (graphique ci-contre) que c'est le secteur de l'énergie qui prélève le plus d'eau, principalement au niveau des barrages hydroélectriques et pour le refroidissement des centrales thermiques et électronucléaires. En ce qui concerne la consommation, c'est l'agriculture qui consomme le plus à travers l'irrigation. Elle renvoie beaucoup d'eau dans l'atmosphère.

Chacun d'entre nous, à titre individuel, consomme en moyenne 137 litres d'eau par jour, avec de grandes variations en fonction du mode de vie. Et si l'on inclut les consommations collectives, comme celles des écoles, hôpitaux, espaces publics, etc., le chiffre est porté à environ 200 litres. Si l'on ne s'intéresse qu'au volume facturé, chaque abonné est redevable en moyenne pour 198 m^3 par an, toutes catégories confondues (industriels, commerçants, artisans, particuliers…).

Dès qu'elle est consommée, l'eau potable devient eau usée. Celle-ci repart dans le cycle de l'eau grâce au réseau d'assainissement, qui

l'achemine à la station d'épuration. Après avoir été débarrassée de l'essentiel de ses polluants, elle est rejetée dans un cours d'eau ou s'infiltre dans le sol. Les habitations non desservies par un réseau d'assainissement sont maintenant dans l'obligation de posséder un système d'« assainissement non collectif », type épandage souterrain ou tertre filtrant. C'est alors le sol du jardin qui fait office de station d'épuration. L'eau épurée s'infiltre en partie, le reste étant « évapotranspiré » par la végétation (voir p. 135 et suivantes).
Certains particuliers et petites collectivités épurent leurs eaux usées grâce à un système de mares appelé lagunage. Certaines rares installations relèvent de la « **phytoépuration** », qui fait appelle au pouvoir épurateur des plantes (notamment des roseaux).

Eau brute : eau qui n'a subi aucun traitement, notamment pour la rendre potable.
Phytoépuration : épuration de l'eau par les plantes.

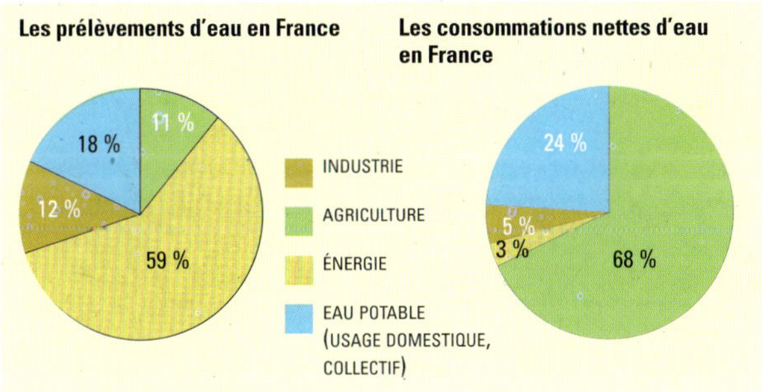

Source : agences de l'eau.

Glossaire

Aérosols : particules très fines, solides ou liquides, en suspension dans l'air.
Assec : absence temporaire d'eau.
Bassin versant : unité géographique délimitée par une ligne de partage des eaux et dans laquelle toutes les eaux convergent vers le point le plus bas appelé « exutoire » en suivant les thalwegs.
Bassinage : arrosage modéré en pluie fine.
Battance : formation d'une croûte sous l'action alterné des pluies et du soleil.
Bétoires, karst : cavités naturelles s'ouvrant à la surface du sol, notamment dans les terrains calcaires.
Buttage : pratique qui consiste à ramener de la terre au pied de certaines plantes pour soutenir les tiges.
Dépression : vaste cyclone se formant au niveau du front polaire et apportant un temps perturbé.
Dureté : teneur d'une eau en ions calcium et magnésium. Les eaux dures (eaux calcaires ou magnésiennes) laissent déposer beaucoup de tartre.
Eau brute : eau qui n'a subi aucun traitement, notamment pour la rendre potable.
Eau dure : par opposition à l'eau douce, c'est une eau chargée en calcaire (carbonate de calcium). La dureté d'une eau s'exprime en degrés hydrotimétriques.
Eau minérale : eau riche en minéraux employée à des fins thérapeutiques.
Eau potable : eau brute, puisée dans une nappe souterraine ou un cours d'eau, qui a subi un traitement pour la rendre consommable par l'homme sans risque pour la santé.
Eau saumâtre : eau naturellement légèrement salée.
Eau thermale : eau de source parfois naturellement chaude employée à des fins thérapeutiques lors de cures.
Eaux de surface : eaux libres, par opposition aux eaux souterraines.
Électrovanne : vanne commandée électriquement utilisée dans les circuits d'eau automatisés.
Embolie : la conduction de la sève est interrompue par des bulles de gaz.
Étiage : le plus bas niveau enregistré pour un cours d'eau ou une nappe souterraine.
Eutrophisation : enrichissement excessif du sol ou de l'eau en azote et/ou en phosphore.
Évapotranspiration : concept employé par les agronomes et les climatologues, correspond à l'addition de l'évaporation purement physique et de la transpiration des êtres vivants sur une surface donnée.
Front polaire : front sinueux oscillant aux latitudes tempérées où se rencontrent les masses d'air chaud d'origine subtropicale et les masses d'air froid d'origine polaire. C'est là que prennent naissance les dépressions apportant un temps perturbé et des précipitations.
Habillage : pratique qui consiste à couper une partie des feuilles avant le repiquage.
Hortillonnages : marais utilisés pour la culture des légumes.
Hydraulique : science qui fait partie de la mécanique des fluides, mais aussi ensemble des techniques mettant en œuvre des liquides sous pression, ou bien ensemble des techniques d'exploitation et de régularisation des flux d'eau.
Hydrologique : relatif à l'eau ou à l'hydrologie (science des eaux).
Hygrophile : se dit d'une espèce végétale adaptée à l'humidité, par opposition à xérophile.

Mésophile : voir Xérophile.
Nappe phréatique : nappe d'eau souterraine.
Orage : phénomène météorologique apportant souvent des pluies violentes et relativement brèves. On distingue les orages de chaleur, causés par la convection locale de l'air, et les grains causés par l'arrivée d'un front froid.
Osmose : transfert du solvant (eau, par exemple) d'une solution vers une solution plus concentrée, à travers une membrane.
Parenchyme : tissu peu différencié formant l'essentiel d'un végétal, par opposition aux tissus différenciés que sont les tissus conducteurs de la sève ou les tissus de soutien.
Perturbateurs endocriniens : substances de différentes natures, naturelles ou artificielles, interférant avec les fonctions du système hormonal.
Perturbation : modification de l'état de l'atmosphère entraînant des vents violents et des précipitations. On emploie souvent ce mot pour désigner une dépression.
Phytoépuration : épuration de l'eau par les plantes.
Point de flétrissement : c'est la teneur en eau du sol en dessous de laquelle les plantes ne peuvent plus satisfaire leurs besoins et où elles se flétrissent.
Profil : succession des couches de terre.
Puisatier : professionnel dont la spécialité est le creusement des puits.
Sourcier : personne capable de détecter la présence de courants d'eau souterrains (et parfois même leurs débits) grâce à la radiesthésie.
Stomates : fentes situées en général à la surface des feuilles et qui permettent les échanges de gaz et de vapeur d'eau entre les plantes et l'atmosphère.
Structure : arrangement des différents éléments du sol.
Surpresseur : pompe spéciale que l'on ajoute dans un circuit pour augmenter la pression.
Thalweg : ligne de plus grande pente parcourue par les eaux au fond d'une vallée.
Turbide : trouble (à propos de l'eau).
Xérophile : se dit d'une plante adaptée à la sécheresse, par opposition à mésophile (adaptée à des conditions d'humidité moyennes) ou hygrophile (adaptée aux sols humides).

Adresses utiles

Fournisseurs de citernes et de systèmes de récupération

• Ateliers Olivier, Sentier de Garenne 4, 7321 Blaton, Belgique. Tél. 00 32 69 56 15 26. (Grandes cuves en béton avec filtration pour le jardin et la maison.)

• Caby et Cie, 34, rue Brulée, 59158 Thun-Saint-Amand. Tél. 03 27 26 92 15. (Fabricant de cuves en béton de 5 à 15 m^3.)

• Eaux de France, 97bis, rue de Roubaix, 59200 Tourcoing Cedex. Tél. 03 20 24 30 40. (Grandes cuves en béton avec filtration pour le jardin et la maison.)

• Gardena – Jardineries et grandes surfaces. (Collecteurs filtrants et réservoirs d'eau avec structure bois et bâche intérieure.)

• Girpi, BP 36, rue Robert-Ancel, 76700 Harfleur. Tél. : 02 32 79 60 00.
Fax : 02 32 79 60 27.
(Récupérateurs d'eau de pluie.)

• Graf, 45, route d'Ernolsheim, 67120 Dachstein-Gare. Tél. : 03 88 49 73 10.
Fax : 03 88 49 32 80.
(Cuves en plastique ou en acier, pompes, filtres, accessoires divers.)

• IIS, BP 10, 69510 Messimy.
Tél. : 04 78 45 42 27.
(Récupérateurs d'eau de pluie.)

• Neutra, 50, Grand-Rue, 67110 Gundershofen. Tél. : 03 88 72 99 27.
Fax : 03 88 72 99 36.
(« Éco-réservoir » à eau de pluie en béton.)

• Plasturgie, ZI, 01140 Saint-Didier-sur-Chalaronne. Tél. 04 74 04 04 41.
(Citernes en polyester.)

Fournisseurs de matériel d'arrosage et d'irrigation

La quasi-totalité des produits est diffusée dans les points de vente spécialisés jardin et bricolage.

• Sadimato, Sainte-Apolline, 90, avenue de Dreux, BP 48, 78371 Plaisir Cedex.
Tél. : 01 30 81 77 30. (Systèmes d'arrosage.)

• Surtec, ZA du Pré-de-l'Orme, BP 14, 38761 Varces Cedex. Tél. : 04 76 98 83 57.
(Pompes solaires.)

• Walton, 7, route de Carbon-Blanc, 33310 Bordeaux. Tél. : 05 57 77 59 77. (Béliers.)

Restauration de citernes anciennes

• Association Maisons paysannes de France, 8, passage des Deux-Sœurs, 75009 Paris.
Tél. : 01 44 83 63 63.
E-mail : maisons.paysannes@wanadoo.fr
(Conseils auprès des sections départementales.)

• Confédération de l'artisanat et des petites entreprises du bâtiment (Capeb) : dans chaque département.

Recherche d'eau

• Fédération nationale des sourciers, radiesthésistes et magnétiseurs, Domaine Marie-Antoinette, av. de Boirargues, 34000 Montpellier.

Fournisseurs de végétaux adaptés aux régions sèches

• Pépinière Filippi, RN 113, 34140 Mèze.
Tél. : 04 67 43 88 69.

• Les Jardins d'en face, La Ville-au-Monnier, 35730 Pleurtuit. Tél. : 02 99 46 43 31.

• Pépinières Simon & Cie, L'Escuras, Haut-Bourg, 24600 Vanxains. Tél. : 05 53 90 42 57.

• Le Jardin du Morvan, 58370 Larochemillay.
Tél. : 03 86 30 47 20.

Bibliographie et références

- Agence régionale de l'environnement de Haute-Normandie, *Planète jardin*, coll. « Environnement Haute-Normandie », 1997.
- Agence régionale de l'environnement de Haute-Normandie, *Redécouvrir les usages de l'eau de pluie, Connaître pour agir* n° 10, 2000.
- ALPHANDARY Emmanuelle, *Droit de l'eau : gestion et protection*, MB Formation, 2003.
- ARLERY Raymond, *Le Climat de la France*, ministère des Transports, direction de la Météorologie, 1979.
- BRÉDA Nathalie, GRANIER André, AUSSENAC Gilbert, *La sécheresse de 2003 dans le contexte climatique des 54 dernières années : analyse écophysiologique et influence sur les arbres forestiers, Revue forestière française*, tome LVI, n° 2, 2004.
- Direction de la Météorologie, *Atlas agroclimatique saisonnier de la France*, ministère des Transports, 1980.
- DUBREUIL Vincent, *La sécheresse dans la France de l'Ouest : une contrainte climatique trop souvent oubliée, Sécheresse*, n° 1, vol. 8, mars 1997.
- KANDEL Robert, *Le « développement durable », l'atmosphère et le climat, Natures Sciences Sociétés*, vol. 7, n° 3, 1999.
- KESSLER Jacques, CHAMBRAUD André, *La météo de la France, tous les climats localité par localité*, J.-C. Lattès, 1986.
- PÉREIRE Anita, HAUDEBOURG Marie-Thérèse, PICHON-CLARISSE Béatrice, *Roses & Jardins*, Hachette, 1995.
- ROCARD Yves, *Le Signal du sourcier*, Dunod, 1962.

Sites Internet spécialisés

- Site de l'Office international de l'eau : www.oieau.fr
- Sites des différentes enseignes de bricolage pour les aspects techniques de l'arrosage.

Photogravure : Climage, Grenoble
Livre imprimé sur papier 100 % recyclé.
Achevé d'imprimer par Dumas-Titoulet Imprimeurs en avril 2007.
N° imprimeur 45361